002　はじめに
006　韓食が体にいい4つの理由

一章 体の芯から温まる
鍋もの、汁もの

010　参鶏湯
012　牛肉と大根のスープ・自家製スープの素
014　あさりスンドゥブチゲ
016　ひき肉のスンドゥブチゲ
017　ベジスンドゥブチゲ
018　豚キムチチゲ
019　わかめスープ
020　タッコムタン

二章 発酵や保存の知恵でおいしさ長持ち
キムチとナムル

024　2種のヤンニョムを作る
　　　ご飯入りヤンニョム・魚醤のヤンニョム
026　ご飯入りヤンニョムで作るキムチ3種
　　　白菜のキムチ・キャベツのキムチ・かぶのキムチ
028　魚醤のヤンニョムで作るキムチ4種
　　　小ねぎのキムチ・れんこんのキムチ・にらのキムチ・ごぼうのキムチ
030　においの少ない白菜キムチ
031　セロリのキムチ
032　水キムチ・水キムチの漬け汁の冷麺
034　トマトのキムチ
035　乳酸菌飲料のカクテキ
036　ナムル
　　　豆もやしのナムル・ほうれん草のナムル・ズッキーニの炒めナムル
038　にんじんの炒めナムル・しいたけの炒めナムル・大根の炒めナムル
040　きゅうりのソバギ・きゅうりのムチム

この本のルール

・小さじ1は5㎖、大さじ1は15㎖、1カップは200㎖、ひとつまみは親指、人さし指、中指の3本の指先でつまんだ量です。
・野菜や果物は、特に表記していない場合は、皮をむいたり、筋を取ったりしています。
・加熱調理の火加減は、ガスコンロ使用を基準にしています。IH調理器の場合は、調理器具の表示を参考にしてください。
・保存容器は、よく洗って完全に乾かし、清潔にしてから使ってください。

三章 野菜も一緒にとれる
ご飯と麺

- 044 キンパの基本の具材・キンパたくあん
- 045 基本のキンパ
- 048 プルコギキンパ・油揚げのキンパ
- 051 コマキンパ
- 052 いかと大根のあえものとコマキンパ
  いかと大根のあえもの・具なしコマキンパ
- 054 基本のビビンパ
  ひき肉のコチュジャンだれ
- 056 サニーレタスのベジビビンパ
- 057 まぐろ刺身のビビンパ
- 058 玉ねぎのビビン麺
- 059 チェンバングクス

四章 具だくさんで栄養たっぷりの
副菜

- 062 いかとねぎのチヂミ・チヂミのたれ
- 064 白菜のチヂミ
- 065 じゃがいものチヂミ
- 066 オートミールチヂミ・チヂミの玉ねぎだれ
- 068 牡蠣のライスペーパーチヂミ
- 070 ジョンの盛り合わせ・ジョンのたれ
- 072 本格チャプチェ
- 074 玉ねぎのチャプチェ
- 075 キムマリ・キムマリのたれ
- 076 基本のケランチム
- 078 チーズケランチム
- 079 スンドゥブケランチム
- 080 ジンミチェ
- 081 サンチュムチム

五章 野菜とたんぱく質が一度にとれる
肉や魚介の主菜

- 084 無水ポッサム
- 086 プルコギ
- 088 タッカルビ
- 090 デプトゥルチギ
- 092 タッカンマリ
- 094 サムギョプサル
- 096 チュクミ
  チュクミの汁で作る炒飯
- 098 肉や魚介の主菜に合わせる
  野菜のおかず
  ポッサム用大根キムチ・
  ポッサム用白菜の塩漬け・
  大根のサンム・大根のチャンアチ・
  長ねぎのムチム・にらのムチム・
  ヤンパジョリム・サムジャン
- 102 この本で使う
  主な調味料と韓国食材

動画でさらに
わかりやすく

このマークのついた二次元コードを読み込むと、本書で紹介しきれなかったおすすめのアレンジ料理や作り方のコツが動画で見られます。ぜひ活用してください。

ブックデザイン／高橋朱里（マルサンカク）
撮影／邑口京一郎
スタイリング／佐々木カナコ
料理アシスタント／三好弥生、好美絵美
校正／根津桂子、新居智子
DTP／茂呂田剛（エムアンドケイ）
編集／守屋かおる、中野さなえ（KADOKAWA）
撮影協力／UTUWA

韓食が体にいい4つの理由

韓食の基本には「薬食同源」の考えがあります。これは体にいい自然の食材をとることで健康になり、薬に頼らなくても、食の力で不調を改善していけるというもの。この本で紹介するレシピにも、ひとつひとつの料理から食べ合わせまで、食が薬になる知恵が詰まっています。

野菜がたっぷりとれる

韓食は辛い料理や肉料理ばかりと思われがちですが、韓国は世界でも野菜をたくさん食べる国のひとつで、野菜料理も豊富です。食卓には主菜とご飯、汁ものに加え、キムチやナムル、ムチム（あえもの）など、野菜のおかずを複数並べるのが定番。この本では、簡単にできる浅漬けのキムチや、ナムルをアレンジして作るキンパやビビンパ、さらに、野菜のおかずと主菜の相性のいい組み合わせなども紹介しています。副菜やご飯にも野菜がたっぷり使われているから、野菜を食べる量がぐんと増やせます。

発酵食が基本にある

発酵食品を食べると免疫力が上がって代謝を促し、活性酸素を除去して老化防止の効果も期待できるなど、いいことがいっぱいです。できれば、無理せずとりたいものですが、それができるのが韓国料理のいいところ。発酵食品の代表であるキムチは、毎日食べても飽きない定番の副菜で、味の決め手になるヤンニョム（合わせ調味料）には魚醤などの発酵調味料が使われます。昔からキムチやあえものは、手で混ぜるのが家庭料理の伝統で、手の温度や感覚でヤンニョムを具材に行き渡らせることができ、おいしくなると言われています。家で韓国料理を作ることで、毎日の食卓に自然と発酵食品が並ぶ仕組みになっています。

「五味五色」の教えで
バランスがいい

「五味五色」とは韓国に昔から伝わる健康的な食生活についての教えで、「五味」は塩味・酸味・苦味・甘味・辛味の5つの味を、「五色」は赤・緑・黄・白・黒の5つの色を指します。これらをバランスよく食卓に並べたり、一皿に再現した食事をとることで健康につながると考えられています。例えば、えごまの葉にサムギョプサルの肉やキムチをのせて包んで食べたり、ご飯に彩りよくナムルや卵、肉味噌などをのせるビビンパなど、「五味五色」を意識した食べ方や料理が根づいています。

唐辛子や汁もので
体の内側から温める

韓食に欠かせないスパイスといえば唐辛子。唐辛子に含まれるカプサイシンには、代謝をよくして、体を温めてくれる効果があります。この本では辛すぎない粗挽き赤唐辛子をキムチ、ご飯もの、副菜に汁ものなど、あらゆる料理に使っているので、食べるたびに代謝がよくなり、免疫力も高まります。また、韓国では体の冷えや不調を感じたときは、参鶏湯を食べて体を整える習慣も。唐辛子を使わないスープや鍋には、もち米などを使ってとろみをつけ、冷めない工夫がされているから、食べることで自然と体が温まります。

一章

体の芯から温まる
鍋もの、汁もの

韓国では牛肉と大根のスープやわかめスープなどを、
風邪予防や滋養食として食べる習慣があります。
汁ものを体にやさしく、おいしく作る秘訣は、
最初に強い味つけをせず、最後に塩で味をととのえること。
唐辛子の入らない参鶏湯やタッコムタンは、器に盛って、
塩やキムチの汁で好みの味に調整するのが本場の食べ方です。

参鶏湯

韓国では丸鶏を使いますが、骨つき鶏もも肉でも同様に作れます。れんこんとごぼうを
朝鮮にんじんの代わりに入れると、栄養も増して深い味わいになります。
冬の寒い時期はもちろん、日本で土用の丑の日に鰻を食べるように、
夏の暑い時期の滋養食として参鶏湯を食べる風習があります。

【材料】2〜3人分

骨つき鶏もも肉 … 2本 (700g)
もち米 … 1/4カップ
しょうが … 1かけ
長ねぎ … 1/2本
ごぼう … 1/3本 (50g)
れんこん … 2cm (100g)
なつめ（乾燥）… 5個
にんにく … 3〜5片
塩 … 適量
こしょう … 適量
小ねぎの小口切り … 適量

【作り方】

1 もち米はざるに入れてさっと洗い、30分ほど水につけ、水けをきる。しょうがは薄切りにし、長ねぎは長さを半分に切る。

2 ごぼうは皮をこそげ取り、2〜3cm厚さの斜め切りにする。れんこんはよく洗い、皮つきのまま2cm厚さの輪切りにする。ひたるくらいの水と酢少々（分量外）をボウルに入れ、ともに10〜15分つけ、流水で洗って水けをきる。

3 鶏肉はきれいに洗って水けをきり、関節の位置で半分に切る（a）。

4 大きめの鍋（または土鍋）に3を入れ、1、2、なつめ、にんにくを加えて（b）、鶏肉がひたるくらいの水を注ぐ。強火にかけ、沸騰したらアクを除く。弱火にしてふたをし、40〜50分煮る。塩大さじ1/2を加えて混ぜ、鶏肉がやわらかくなり、全体がなじんだら火を止める。

5 器に盛り、塩適量、こしょう、小ねぎ、好みのキムチやカクテキなどを添えて、好みの味にととのえながら食べる。

牛肉と大根のスープ

韓国の母が風邪予防のために冬によく作ってくれたスープです。旬の時期なら大根の甘さも感じられるやさしい味わいで、ご飯を入れて食べるのもおすすめ。市販のスープの素ではなく、米ともち米で作る自家製スープの素を使います。

【材料】4人分

牛ステーキ用肉（赤身）… 大1枚（150～250g）
大根（葉側の青い部分）… 200～350g
長ねぎの小口切り … 10cm分
A｜しょうゆ … 大さじ2
　｜酒 … 大さじ1
　｜みりん … 大さじ1
　｜自家製スープの素（下記）
　｜　… 大さじ1（または塩大さじ1/2）
　｜ナンプラー … 小さじ1
　｜おろしにんにく … 小さじ1
塩 … 適量
白こしょう … 少々
ごま油 … 大さじ1

【作り方】

1　大根は皮つきのまま縦5mm厚さに切り、さらに3cm四方に切る（a）。牛肉は薄いそぎ切りにする。

2　鍋に湯を沸かし、牛肉を入れて30秒ゆでてざるにあけ、流水で汚れをさっと洗い流す。

3　鍋をきれいにし、大根、牛肉、Aを入れ、具がかぶる程度に水を注ぐ。強火にかけ、沸騰し始めたらアクを除き、弱火にしてふたをし、20～30分煮る。途中、汁が減り過ぎたら水適量を足して中火にし、温まったら塩で味をととのえる。

4　長ねぎとこしょうを加えて1～2分煮て火を止め、ごま油を回しかける。

◎自家製スープの素

唐辛子を入れない、白いスープに使えます。入れるだけで旨味が増し、塩が入っているので、ひと味足りないときの味の調整にも使えます。手軽にできて日持ちするので、作りおきをしておくと便利です。

【材料】
作りやすい分量、約370g分

米 … 1と1/2カップ
もち米 … 1/4カップ
干ししいたけ … 3個
塩 … 1/2カップ（90g）

【作り方】

❶ 米ともち米はざるに入れて洗い、水けをしっかりきる。フライパンに入れて中火にかけ、焦がさないように絶えず混ぜながら、きつね色になるまで8分ほど炒る。

❷ 干ししいたけは手で細かく裂いて加え、塩を加えてさらに3分炒りつけ、バットに広げて冷ます（a）。

❸ ミキサーに入れ、さらさらの粉状になるまで攪拌する（b）。

※冷凍用保存袋に入れ、冷凍で1年間保存可能。

あさりスンドゥブチゲ

韓国ではスンドゥブチゲ用のやわらかな豆腐を使いますが、
絹ごし豆腐でも同様においしくできます。
唐辛子やあさりを油で炒めることで、辛いだけでなく旨味が引き出されるのがポイント。
仕上げの卵黄は辛さをやわらげてくれる効果があります。

【材料】2人分

- あさり（砂抜きしたもの）… 200g
- 絹ごし豆腐 … 1丁（300g）
- 卵黄 … 1〜2個分
- 玉ねぎ … 小1/2個
- えのきたけ … 20g
- 長ねぎの小口切り … 10cm分
- おろしにんにく … 小さじ1
- おろししょうが … 小さじ1/3
- 米油 … 大さじ2
- A
  - みりん … 大さじ2
  - 粗挽き赤唐辛子（キムチ用）… 大さじ1
  - しょうゆ … 大さじ1
  - ナンプラー … 大さじ1
- 長ねぎの青い部分の小口切り … 10cm分
- 塩 … 適量
- ごま油 … 小さじ1

【作り方】

1. 玉ねぎは2〜3cmの角切りに、えのきたけはほぐす。あさりは殻をこすり合わせて洗う。

2. 厚手の鍋（または土鍋）に米油を入れて中火にかけ、玉ねぎ、長ねぎ、おろしにんにく、おろししょうがを入れ、香りが立つまで炒め合わせる。弱めの中火にし、Aを加えて2〜3分炒める（a）。中火にし、あさりを加えて口が開くまで焦げ付かないように注意しながら炒める（b）。

3. 豆腐を切らずに加え、スプーンや木べらで大きめに切る。えのきたけも加えて、具の2/3がひたるくらいの水を注ぐ。ふたをして強めの中火で3〜5分煮て温まったら塩で味をととのえる。卵黄を落とし、長ねぎの青い部分を加えて火を止め、ごま油を回しかける。

【材料】2人分

- 豚ひき肉 … 100g
- 絹ごし豆腐 … 1丁（300g）
- 卵黄 … 2個分
- 長ねぎのみじん切り … 10cm分
- おろしにんにく … 小さじ1
- にらのざく切り … 小 1/2束分（40g）
- コチュジャン … 大さじ1
- 粗挽き赤唐辛子（キムチ用） … 小さじ1
- しょうゆ … 大さじ1
- ナンプラー … 大さじ1
- みりん … 大さじ1
- 塩 … 適量
- こしょう … 少々
- ごま油 … 小さじ1

【作り方】

1. 厚手の鍋（または土鍋）にひき肉を入れて中火にかけ、肉の脂が出るまで炒める（肉の脂が出ない場合は、米油大さじ1〈分量外〉を加えて炒める）。

2. 長ねぎ、にんにくを加えてさらに炒め、長ねぎが透明になったらコチュジャンを加えて2〜3分炒める。唐辛子を加え、焦げないように弱火で1〜2分炒める。

3. 鍋底の中央が見えるように具材を側面に寄せ、中央にしょうゆとナンプラーを入れて中火にし、軽く煮詰めてから全体を混ぜ合わせる。

4. 豆腐を切らずに加え、スプーンや木べらで細かく切る。みりんを加え、具の2/3がひたるくらいの水を注ぎ、ふたをして、強めの中火で3〜5分煮る。温まったら、塩、こしょうで味をととのえる。卵黄をのせ、にらを加えてさらに1分ほど煮て火を止め、ごま油を回しかける。

ひき肉のスンドゥブチゲ

具だくさんのスンドゥブチゲはご飯と食べるのが定番。ご飯にかけたり、スープの残りにご飯を入れてもおいしく食べられます。

ベジスンドゥブチゲ

野菜と豆腐だけのスープだからダイエットにもおすすめ。
きのこや香味野菜の旨味、オイスターソースでコクをプラスし、
肉や魚介がなくても深い味わいに。

【材料】2人分

絹ごし豆腐 … 1丁（300g）
ズッキーニ … 5cm
しいたけ … 3個
長ねぎのみじん切り … 10cm分
玉ねぎのみじん切り … 小1/2個分（50g）
米油 … 大さじ2
A | しょうゆ … 大さじ2
　| オイスターソース … 大さじ1
　| 粗挽き赤唐辛子（キムチ用）… 大さじ1
　| きび砂糖 … 小さじ1
　| おろしにんにく … 小さじ1/2
塩 … 適量
ごま油 … 小さじ1

【作り方】

1. ズッキーニは5mm厚さの半月切りに、しいたけは軸を除いて5mm幅の薄切りにする。

2. 厚手の鍋（または土鍋）に米油を入れて中火にかけ、長ねぎ、玉ねぎを入れ、玉ねぎが透明になるまで炒める。弱火にし、Aを加えて2〜3分炒める。

3. 豆腐を切らずに加え、スプーンや木べらで大きめに切る。1を加え、具の2/3がひたるくらいの水を注ぐ。ふたをして強めの中火にし、野菜に火が通るまで煮て塩で味をととのえる。火を止め、ごま油を回しかける。

豚キムチチゲ

韓国では毎年1年分のキムチを漬けるので、長く発酵させて酸味の強いキムチでチゲを作るのも楽しみのひとつです。

【材料】2人分

豚バラかたまり肉 … 200g
豆腐（絹ごしでも木綿でも可）… 1/2丁（150g）
玉ねぎ … 小1/2個（50g）
長ねぎ … 10㎝
白菜のキムチ（p.26、または市販品）… 150〜200g
米油 … 大さじ1
A｜みりん … 大さじ2
　｜しょうゆ … 大さじ1
　｜ナンプラー … 大さじ1
　｜コチュジャン … 小さじ1
　｜おろしにんにく … 小さじ1
塩 … 適量
粗挽き赤唐辛子（キムチ用）… 適量
ごま油 … 大さじ1

【作り方】

1. 玉ねぎは横薄切りに、長ねぎは斜め薄切りに、豆腐は1.5㎝幅に切る。キムチは大きければ食べやすい大きさに切り、豚肉は5㎜幅に切る。

2. 厚手の鍋（または土鍋）に米油を入れて弱めの中火にかけ、スプーンなどで鍋肌に油をかけてなじませる。豚肉を入れて強めの中火にし、色が変わるまで炒める。玉ねぎ、長ねぎ、キムチ、Aを加え、キムチと野菜がしんなりして豚肉の表面が香ばしく焼けるまで3〜4分炒める。

3. 具の2/3がひたるくらいの水を注いでふたをし、強火で3〜5分煮る。豆腐を加えて弱めの中火にし、2〜3分煮て温まったら塩で味をととのえる。唐辛子を加えて火を止め、ごま油を回しかける。

わかめスープ

韓国では誕生日のお祝いや、出産後の貧血ケアのために飲む習慣がある、子どもも大人も大好きなスープ。韓国産のわかめはやわらかく、煮込むととろとろに。

【材料】3〜4人分

乾燥わかめ（あれば韓国産）…15g
A | しょうゆ … 大さじ1
  | ナンプラー … 大さじ1
  | ごま油 … 大さじ1
  | おろしにんにく … 小さじ1/2〜1
米 … 大さじ1
塩 … 適量

【作り方】

1. わかめ（a）は冷水につけて戻し、水でもみ洗いをして食べやすく切る。

2. 厚手の鍋に1とAを入れ、中火で5分ほど炒める。米をだしパック袋に入れて（b）、鍋に加え、水1ℓを注いで強火にする。沸騰したら弱火にしてふたをし、30分煮る。

3. 汁が減り過ぎたら水適量を足して中火にし、温まったら塩で味をととのえる。だしパックを取り出し、パックの中の米は好みで汁に加えて混ぜる。

自家製スープの素を使ってアレンジ

左記作り方で、ナンプラーと米の代わりに自家製スープの素（p.13）を大さじ1ほど加えて同様に作ってもおいしいスープになります。また、味見して足りない場合の調整に使ってもOK。

タッコムタン

鶏肉を骨と分けて、じっくりやわらかく煮込んだ、鶏の煮込みスープです。
韓国では参鶏湯と同じように、寒い季節の風邪予防や
夏の滋養食として親しまれています。

【材料】3〜4人分

鶏手羽元 … 10本（500〜600g）
しょうが … 1かけ
長ねぎ … 1本
大根 … 1/4本（200〜300g）
玉ねぎ … 1/2個
にんにく … 5〜10片
酒 … 大さじ3
粒黒こしょう … 10〜20粒
自家製スープの素（p.13）
　… 大さじ2（または塩大さじ1）
長ねぎの小口切り … 適量
塩 … 適量
こしょう … 少々

【作り方】

1　しょうがは薄切りにし、長ねぎは長さを半分に切る。

2　大きめの鍋に鶏肉、**1**、玉ねぎ、にんにく、酒、粒黒こしょうを入れ、大根は皮つきのまま切らずに入れる。水1.3ℓを注ぎ、強火にかける。沸騰したらアクを除き、弱めの中火にしてふたをし、30分ほど煮る。

3　ボウルにざるを重ねて鍋の中身を注ぎ、汁を濾す。ざるの鶏肉と大根はバットに取り出し、粗熱がとれたら、大根は1cm厚さに切り、さらに3〜4cm四方に切る。鶏肉は骨を外して（**a**）、肉を手でほぐし、骨はだしパック袋に入れる（**b**。1枚に入らない場合は、数枚に分けて入れる）。

4　鍋をきれいにし、鶏肉と骨の入っただしパック、濾したゆで汁、水700㎖、自家製スープの素を入れて強火にかける。沸騰したら弱火にし、時々アクを除きながら30分ほど煮る。

5　だしパックを除き、**3**の大根を戻し入れて中火にかけ、温まったら火を止める。

6　器に盛り、長ねぎの小口切りをのせる。塩、こしょうで好みの味にととのえて食べる。

二章

発酵や保存の知恵でおいしさ長持ち
キムチとナムル

野菜不足を解消してくれるキムチとナムルは、栄養価もすぐれたおかず。
発酵食品のキムチには乳酸菌が、ナムルには食物繊維が豊富に含まれ、
腸内環境を整えることで、免疫力もアップします。
キムチのヤンニョムの量は、あえたら味見をして好みの量に調整してください。
ナムルも保存ができるので、彩りよく何種類か作りおきをしておくと
キンパやビビンパにも使えて便利です。

2種のヤンニョムを作る

ご飯入りヤンニョム

辛み、甘み、コク、まろやかさを出す9つの材料で作るヤンニョム。ご飯を入れることで発酵しやすい環境になり、旨味が出て野菜とヤンニョムをつなぐのりの役割もしてくれます。どんな野菜にも合う味で、漬けてすぐよりも、数時間でもよいのでおいて発酵させてからのほうがおいしく食べられます。

【材料】作りやすい分量、約500g分

りんご（または梨）… 1/2個
長ねぎの小口切り … 20cm分
冷たいご飯 … 大さじ3 (45g)
A │ にんにく … 7〜8片
　│ しょうが … 大1かけ
　│ 粗挽き赤唐辛子（キムチ用）… 大さじ8
　│ ナンプラー … 大さじ8
　│ きび砂糖 … 大さじ4
　│ 梅エキス（またはオリゴ糖）… 大さじ2

【作り方】

1　りんごは皮つきのまま（梨の場合は皮をむく）、3等分のくし形に切り、横薄切りにする。長ねぎ、ご飯、Aとともにミキサーに入れ（a）、りんごや長ねぎのかけらがなくなり、全体がなめらかになるまでしっかり攪拌する。

2　保存容器に移し（b）、冷蔵室に30分以上おいてなじませる。

※冷蔵で1週間保存可能。
※冷凍用保存袋に入れて平らにし（c）、冷凍で3カ月間保存可能。

ヤンニョムとは、合わせ調味料のこと。韓国料理に欠かせないキムチは、家庭で手作りするものですが、本格的に発酵させる白菜キムチは手間がかかって大変。そこで、浅漬けでもおいしく食べられるヤンニョムをご紹介します。これさえ作っておけば、季節の野菜をあえるだけで、すぐに食べられるものや、1〜2日発酵させるだけで食べられる浅漬けのキムチを作れます。

魚醤のヤンニョム

にんにくが入っていないさっぱり味のヤンニョム。玉ねぎをすりおろして加えるので、ミキサーがなくても作れます。にんにくが入っていない分、にらやねぎなど香りの強い野菜とも相性がよく、火を通した根菜などはヤンニョムであえてすぐに食べられます。冷蔵室に常備しておくと、「あと1品」というときに便利です。

【材料】作りやすい分量、約400g分

粗挽き赤唐辛子（キムチ用）… 大さじ9
おろししょうが … 1かけ分
おろし玉ねぎ … 小1個分（100g）
ナンプラー … 大さじ9
梅エキス … 大さじ6（またはきび砂糖大さじ4）
きび砂糖 … 大さじ6
白いりごま … 大さじ3

【作り方】

1. ボウルにすべての材料を入れる（**a**）。ゴムべらで均一になるまでよく混ぜ合わせる（**b**）。
2. 保存容器に移し（**c**）、冷蔵室に10分以上おいてなじませる。

※冷蔵で1週間保存可能。
※冷凍用保存袋に入れて平らにし、冷凍で3カ月間保存可能。

白菜のキムチ

韓国の食卓になくてはならないのが
白菜のキムチ。発酵が進んだら
チゲや炒め料理にしても。

ご飯入りヤンニョムで作る
キムチ3種

かぶのキムチ

かぶの皮や茎も一緒に漬ければ、
栄養を逃すこともありません。
汁も一緒に食べて。

キャベツのキムチ

シャキッとしたサラダのような
食感が魅力。やわらかくて甘い
春キャベツで作ると格別です。

白菜のキムチ

【材料】作りやすい分量

白菜 … 1/4株（500g）
塩 … 大さじ1と1/2
ご飯入りヤンニョム（p.24）
　… 大さじ3
小ねぎのざく切り
　… 小1束分（80g）
白いりごま … 大さじ1

【作り方】

1　白菜は縦3〜4等分に切り、長い部分は食べやすい長さに切る。大きめのボウルに入れて塩をふり、塩が溶けるように水100mlをかけてよく揉む。30分ほど室温におき、天地を返すように混ぜ、さらに30分ほどおく。

2　軸の部分を触ってしんなりしていたら、流水で塩を洗い流す。両手のひらで白菜を挟み、手のひらどうしを押して水けをしっかり絞り（**a**）、別のボウルに入れる。

3　ヤンニョムを加えて（**b**）、手で混ぜ、白菜全体にまんべんなくヤンニョムを行き渡らせる（**c**）。小ねぎを加えてさっと混ぜ、ごまをふる。保存容器やポリ袋に移し、冷暗所か冷蔵室に1日おき、発酵させる。

※冷蔵で2週間保存可能。

キャベツのキムチ

【材料】作りやすい分量

キャベツ … 1/3個（400g）
小ねぎ … 1束（100g）
玉ねぎ … 1/3個（70g）
塩 … 大さじ1
ご飯入りヤンニョム（p.24）
　… 大さじ3
白いりごま … 大さじ1

【作り方】

1　キャベツは外葉を除き、3〜4cm四方に切る。軸のかたい部分は薄く削ぐ。小ねぎは3〜4cm長さに切り、玉ねぎは薄切りにする。

2　キャベツはボウルに入れ、流水でしっかり洗い、軽く水けをきる。塩をふり、よく混ぜて室温に15分ほどおく。天地を返すように混ぜ、さらに15分ほどおく。

3　水けをしっかり絞り、小ねぎと玉ねぎを加えてざっと混ぜる。ヤンニョムを加えて手で混ぜ、まんべんなくヤンニョムを行き渡らせ、ごまをふる。保存容器に移し、冷蔵室に3時間以上おいてなじませる。

※冷蔵で1週間保存可能。

かぶのキムチ

【材料】作りやすい分量

かぶ（葉つき）… 3個（600g）
塩 … 大さじ1/2
ご飯入りヤンニョム（p.24）… 大さじ3

【作り方】

1　かぶは茎を3〜4cm残して葉と切り分け、葉200gを取り分け、茎の部分は3〜5cm長さに、葉は4cm長さに切る。かぶは汚れた部分の皮をむき、皮つきのまま四〜六つ割りにする。かぶをボウルに入れて塩をふり、15分ほど室温におく。

2　ボウルに茎と葉、ヤンニョムを加えて手で混ぜ、まんべんなくヤンニョムを行き渡らせる。保存容器に移し、冷蔵室に3時間以上おいてなじませる。器に盛り、好みでごま油をかける。

※冷蔵で5日間保存可能。

小ねぎのキムチ

野菜から水分が出ないから、
少なめのヤンニョムでも行き渡ります。
辛いのが苦手な人にも好評。

れんこんのキムチ

れんこんはさっとゆで、
ヤンニョムであえてすぐ食べられます。
シャキシャキ感を楽しんで。

魚醤のヤンニョムで作る
キムチ4種

にらのキムチ

肉と一緒にサニーレタスなどで
巻いて食べたり、
チゲにするのもおすすめ。

ごぼうのキムチ

ヤンニョムであえたらすぐに
食べられます。ごぼうの歯ごたえが
やみつきになるキムチ。

小ねぎのキムチ

【材料】作りやすい分量

小ねぎ … 1束（100g）
魚醤のヤンニョム（p.25）
　… 大さじ3

韓国では漬けた小ねぎを切らずに1本丸ごと食べるが、小ねぎの根元の白い部分を5cmくらいずつに折って芯にし、葉の部分をぐるぐると巻きつけ、巻いた部分に葉の先をようじなどで押し込んでまとめると食べやすい。

小ねぎの巻き方
https://kdq.jp/hansik1

【作り方】

1　小ねぎはよく洗い、根元と葉先を少し切り落とし（こうすることで発酵によって膨らむのを防ぎ、味がしみ込みやすくなる）、ペーパータオルで水けを拭く。

2　天板やまな板にまっすぐにそろえておき、根元にヤンニョムの半量をのせ、葉に向かって手でのばす。残りのヤンニョムを葉の部分に塗り、小ねぎの1本1本にまんべんなくヤンニョムを行き渡らせる。

3　半分に折りたたんで保存用袋に入れ、冷暗所か冷蔵室に1日おき、発酵させる。

※冷蔵で2週間保存可能。

れんこんのキムチ

【材料】作りやすい分量

れんこん … 1節（200g）
魚醤のヤンニョム（p.25）… 大さじ2

【作り方】

1　れんこんは3〜5mm厚さの輪切りにする。熱湯で1分ほどさっとゆでて冷水にとり、ざるにあけて水けをきる。

2　ボウルに1、ヤンニョムを入れて手で混ぜ、れんこん1枚1枚にヤンニョムをやさしく塗り、まんべんなくヤンニョムを行き渡らせる。

※保存容器に入れ、冷蔵で1週間保存可能。

にらのキムチ

【材料】作りやすい分量

にら … 2束（200g）
玉ねぎの薄切り … 小1/3個分（30g）
にんじんのせん切り … 20g
魚醤のヤンニョム（p.25）… 大さじ2

【作り方】

1　にらは5cm長さに切り、根元の太い部分は縦半分に切ってボウルに入れる。

2　玉ねぎ、にんじん、ヤンニョムを加えて、手でそっとあえる。保存容器やポリ袋に移し、冷蔵室に3〜6時間おき、発酵させる。

※冷蔵で2週間保存可能。

ごぼうのキムチ

【材料】作りやすい分量

ごぼう … 1本（200g）
魚醤のヤンニョム（p.25）… 大さじ2

【作り方】

1　ごぼうはたわしで洗って皮をこそげ、5cm長さに切り、縦半分に割る。熱湯で1分ほどさっとゆでて冷水にとり、ざるにあけて水けをきる。

2　ボウルに1、ヤンニョムを入れて手で混ぜ、まんべんなくヤンニョムを行き渡らせる。

※保存容器に入れ、冷蔵で1週間保存可能。

においの少ない白菜キムチ

キムチは好きだけど、魚醤のにおいが苦手という人におすすめのキムチです。
白菜をちぎってヤンニョムであえると、味がなじみやすくなり、すぐに食べられます。

【材料】作りやすい分量

白菜 … 1/6株（300g）
玉ねぎ … 1/3個
きゅうり … 1/2本
塩 … 大さじ2
〈ヤンニョム〉
　粗挽き赤唐辛子（キムチ用）… 大さじ2
　きび砂糖 … 大さじ2
　しょうゆ … 大さじ1
　ごま油 … 大さじ1
　おろしにんにく … 小さじ1
　白いりごま … 小さじ1
　塩 … 小さじ1
　水 … 大さじ2

【作り方】

1　白菜は食べやすい大きさにちぎる。玉ねぎは縦5mm幅に、きゅうりは斜め5mm幅に切る。

2　大きめのボウルに入れて塩をふり、塩が溶けるように水100mlをかけてよく揉む。15分ほど室温におき、天地を返すように混ぜ、さらに15分ほどおく。流水で洗ってざるにあけ、10分ほどおいて水けをしっかりきる。

3　ボウルをきれいにし、ヤンニョムの材料を入れてよく混ぜ、10分ほど室温におく。2の野菜を加えて手で混ぜ、全体にまんべんなくヤンニョムを行き渡らせる。

※保存容器に入れ、冷蔵で1週間保存可能。

セロリのキムチ

セロリにはコレステロールを減らす働きがあるといわれ、韓国では肉とセットで食べる習慣があります。ヤンニョムと混ぜたら、すぐに食べられます。

セロリの切り方

https://kdq.jp/hansik2

【材料】作りやすい分量

セロリ … 2本（200g）
小ねぎの小口切り … 適量

〈ヤンニョム〉
　粗挽き赤唐辛子（キムチ用）… 大さじ1
　しょうゆ … 大さじ1
　酢 … 大さじ1
　ナンプラー … 大さじ1
　ごま油 … 大さじ1
　きび砂糖 … 小さじ2
　白いりごま … 小さじ1

【作り方】

1. 大きめのボウルにヤンニョムの材料を入れてよく混ぜ、10分ほど室温におく。

2. セロリは葉をキッチンばさみで切り分け、長い場合は斜めに切る。茎の細い部分は斜め薄切りにし、太い部分はピーラーで筋を除き、そぎ切りにする。

3. **1**のボウルに**2**、小ねぎを加えて手で混ぜ、全体にまんべんなくヤンニョムを行き渡らせる。

※保存容器に入れ、冷蔵で1週間保存可能。

水キムチ

ほのかに酸っぱくなり、さわやかな風味が感じられたら発酵が進んだサインです。
発酵時間は目安なので、食べる前に必ず味見をしてください。

【材料】作りやすい分量

- きゅうり … 3本
- 小ねぎ … 1/2束（40～50g）
- 黄パプリカ … 1個
- りんご（または梨）… 1/4個
- にんじんのせん切り … 15g

〈漬け汁〉
- 冷たいご飯 … 50g
- 塩 … 20g
- 砂糖 … 20g
- おろしにんにく … 大さじ1/2
- おろししょうが … 小さじ1/2

【作り方】

1 きゅうりは四つ割りにし、スプーンで種を軽く除き、3～5cm長さに切る。小ねぎはきゅうりの長さにそろえて切る。パプリカはきゅうりと大きさをそろえて短冊切りにする。りんごは皮つきのまま（梨の場合は皮をむく）3等分のくし形に切り、横薄切りにする。

2 ミキサーに漬け汁の材料を入れて攪拌する。全体が混ざったら、水250mlを加えてさらに攪拌する。

3 保存容器に1とにんじんを入れて2を注ぎ、冷暗所に半日ほどおいて発酵させる。漬け汁を底からよく混ぜて味見をし、好みの味に発酵していたら冷蔵室で冷やし、よく混ぜてから食べる。

※冷蔵で2週間保存可能。

水キムチの漬け汁の冷麺

乳酸菌たっぷりの水キムチの漬け汁は、
消化を助けるといわれ、そのまま飲むこともあれば、
冷麺などの汁に使用することも。残さず使うのが韓国流です。

【材料】2人分

- 冷麺 … 2玉
- 水キムチ（上記）の漬け汁 … 200ml
- きゅうりの輪切り … 1/4本分
- あれば大根のサンム（P.99）… 2～4枚
- 白いりごま … 少々

〈たれ〉
- りんご（または梨）… 小1/4個（60g）
- 粗挽き赤唐辛子（キムチ用）… 大さじ2
- しょうゆ … 大さじ1
- 梅エキス … 大さじ1/2（またはきび砂糖小さじ1）
- きび砂糖 … 大さじ1/2
- 酢 … 大さじ1/2
- オリゴ糖（または水飴）… 大さじ1/2
- おろしにんにく … 小さじ1/2～大さじ1
- 塩 … 小さじ1/2

【作り方】

1 たれを作る。りんごは皮をむき、すりおろしてボウルに入れる。残りのたれの材料を加えてよく混ぜ、冷蔵室に3時間以上おいてなじませる。

2 水キムチの漬け汁は冷凍用保存袋に入れてバットなどにのせて平らにし（a）、冷凍室でシャーベット状に凍らせる（または食べる前に完全に凍らせたものを室温で溶かしてもよい）。

3 鍋に湯を沸かし、冷麺を袋の表示時間通りにゆでて、冷水にとり、水けをきって器に盛る。1ときゅうり、大根のサンムをのせる。2をかけ、ごまをひねってちらす。

a

トマトのキムチ

夏にぴったりの、あえてすぐ食べられるサラダ感覚のキムチ。
発酵が進んだら、トマトチゲにするのがおすすめです。

トマトチゲにアレンジ
https://kdq.jp/hansik3

【材料】作りやすい分量

トマト … 小5個（250g）
にら … 1/2束（50g）
白いりごま … 大さじ1
〈ヤンニョム〉
　粗挽き赤唐辛子（キムチ用）… 大さじ2
　きび砂糖 … 大さじ2
　ナンプラー … 大さじ2
　おろしにんにく … 小さじ1
　おろししょうが … 小さじ1/3
　塩 … 少々

【作り方】

1　トマトは四つ割りにする。にらは3cm長さに切る。

2　ボウルにヤンニョムの材料を入れてよく混ぜ、1、ごまを加えてよくあえる。

※保存容器に入れ、冷蔵で5日間保存可能。

乳酸菌飲料のカクテキ

酸味と甘みのバランスがいい乳酸菌飲料を入れることで、手軽に作れるカクテキです。大根のシャキッとした歯ごたえも楽しめます。

【材料】作りやすい分量

大根（葉側の青い部分を含む）… 大 1/2 本（600g）
玉ねぎ … 1/3 個（70g）
長ねぎ … 20cm
塩 … 大さじ1
きび砂糖 … 大さじ1

〈ヤンニョム〉
乳酸菌飲料 … 65ml
粗挽き赤唐辛子（キムチ用）… 大さじ2
ナンプラー … 大さじ2
梅エキス … 大さじ1
（またはきび砂糖小さじ2）
おろしにんにく … 小さじ1
おろししょうが … 小さじ1/4

【作り方】

1. 大根は青い皮は残して皮をむき、2〜3cm角に切る。玉ねぎは2〜3cm四方に切る。長ねぎは縦半分に切って2cm長さに切る。

2. 大きめのボウルに1を入れ、塩、きび砂糖をふってよく混ぜ、15分ほど室温におく。天地を返すように混ぜ、さらに15分ほどおく。ざるにあけ、水けをきる。

3. ボウルをきれいにし、ヤンニョムの材料を入れてゴムべらでよく混ぜる。2を加えて手でよくあえる。冷暗所に6時間ほどおいて発酵させる。

※汁ごと保存容器に入れ、冷蔵で2週間保存可能。

乳酸菌飲料
乳酸菌飲料を入れることで、甘酸っぱい味わいに。メーカーは問わず、手に入るものでOK。

ナムル

ナムルは野菜をゆでたり炒めたりして、ごま油や調味料であえたおかず。
そのまま食べるだけでなく、キンパやビビンパにも使います。

豆もやしのナムル

ビビンパには欠かせない存在。
ナムルの中でも人気が高く、
副菜にもおすすめです。

ほうれん草のナムル

ビビンパやキンパに使うなど、
出番の多いナムル。しっかり
水けをきってからあえるのがコツ。

ズッキーニの炒めナムル

夏野菜のナムルは季節のお楽しみです。
そのまま食べるだけでなくビビンパにのせても。

豆もやしのナムル

【材料】作りやすい分量

豆もやし … 1袋（200g）
昆布（10cm四方）… 1枚

A
- 長ねぎのみじん切り … 5cm分
- ナンプラー（またはしょうゆ）… 大さじ1
- ごま油 … 大さじ1
- 白いりごま … 小さじ1
- おろしにんにく … 小さじ1/2
- 塩 … 小さじ1/2

【作り方】

1 鍋に豆もやし、昆布を入れ、水200mlを注ぎ、ふたをして強火にかける。沸騰したら弱めの中火にし、3分ゆでる。

2 ざるにあけて昆布を除き、冷水にとり、2〜3回水を替えながら洗ってざるにあける。上から軽く押してさらに水けを除き、ボウルに入れる。Aを加え、全体がなじむまであえる。

※保存容器に入れ、冷蔵で3日間保存可能。

ズッキーニの炒めナムル

【材料】作りやすい分量

ズッキーニ … 1本（200g）
ごま油 … 大さじ1
おろしにんにく … 小さじ1
ナンプラー … 大さじ1
白いりごま … 小さじ1/2

【作り方】

1 ズッキーニは縦半分に切って、5mm厚さの半月切りにする。

2 フライパンにごま油を入れて弱めの中火にかけ、にんにくを入れて焦がさないように炒める。香りが立ったら1を加えて1分ほど炒める。水大さじ2を加えてふたをし、弱火にして2〜3分蒸し焼きにする。

3 ナンプラーを加えて中火にし、さっと混ぜる。ごまを指でひねってふり、バットに広げて冷ます。

※保存容器に入れ、冷蔵で3日間保存可能。

ほうれん草のナムル

【材料】作りやすい分量

ほうれん草 … 300g（1と1/2束）

A
- 長ねぎのみじん切り … 5cm分
- しょうゆ … 大さじ1
- ごま油 … 大さじ1
- おろしにんにく … 小さじ1
- 白いりごま … 小さじ1
- 塩 … 少々

【作り方】

1 ほうれん草は根元の部分をしっかり洗う。鍋に湯を沸かし、ほうれん草を立てて持ち、根元の部分だけ湯につけて10秒ほどゆで、葉を沈めて20〜40秒ゆでる。冷水にとり、水けを絞って4cm長さに切る。

2 水けを再度手で絞る（a）。別のボウルに入れてAを加え、全体がなじむまであえる（b）。

※保存容器に入れ、冷蔵で3日間保存可能。

にんじんの炒めナムル

にんじんは炒めることで、
水分が飛んで日持ちするようになり、
甘さも引き立ちます。

しいたけの炒めナムル

油を使わず、じっくり炒めた
滋味深いナムル。きのこの旨味を
ダイレクトに味わえます。

大根の炒めナムル

たくあんやカクテキとは
違った味わいの、大根のナムル。
シンプルな味つけが後を引きます。

にんじんの炒めナムル

【材料】作りやすい分量

にんじん … 大2本 (180g)
塩 … 小さじ2/3
米油 … 小さじ1
おろしにんにく … 小さじ1
ごま油 … 小さじ2
白いりごま … 小さじ1

【作り方】

1 にんじんは4～5cm長さの細切りにして（またはスライサーを使う）、ボウルに入れ、塩をふって混ぜる。10～15分ほど室温におき、水けを軽く絞る（a）。

2 フライパンに米油を入れて中火にかけ、にんにくを入れてさっと炒める。香りが立ったら1を加え、しんなりするまで3～4分炒めて火を止める。ごま油を回しかけ（b）、ごまをふってさっと混ぜ、バットに広げて冷ます。

※保存容器に入れ、冷蔵で5日間保存可能。

しいたけの炒めナムル

【材料】作りやすい分量

しいたけ … 10個 (150g)
長ねぎのみじん切り … 10cm分
おろしにんにく … 小さじ1/2
A │ 白すりごま … 大さじ1
　│ ナンプラー … 大さじ1
　│ オリゴ糖（または水飴）
　│ 　… 大さじ1/2
　│ ごま油 … 小さじ1
　│ こしょう … 小さじ1/4

【作り方】

1 しいたけはペーパータオルで汚れを拭き、軸を切り分けて5mm幅に切る。軸は手で3～4つに裂く。

2 フライパンを強めの中火にかけ、1を入れて炒める。常に混ぜながら、しいたけの水分を飛ばし、かさが半分くらいになったら火を止める。

3 長ねぎとにんにくを加えて混ぜ、全体がなじんだらAを加えてよくあえる。バットに広げて冷ます。

※保存容器に入れ、冷蔵で4日間保存可能。

大根の炒めナムル

【材料】作りやすい分量

大根（葉側の青い部分を含む）
　… 8cm (300g)
塩 … 小さじ1/2
A │ 小ねぎの小口切り … 大さじ2
　│ 白いりごま … 小さじ1
　│ ごま油 … 小さじ1
　│ おろしにんにく … 小さじ1/2

【作り方】

1 大根は皮をピーラーでむいて細切りにし（またはスライサーを使う）、ボウルに入れる。塩をふってさっと混ぜ、10分ほど室温におく。

2 フライパンに1を出てきた水けごと入れ、強火で3分ほど炒める。弱めの中火にし、水大さじ5を加えてふたをし、2～3分蒸し焼きにする。

3 大根がやわらかくなったらAを加え、さらに1分炒めて火を止める。バットに広げて冷ます。

※保存容器に入れ、冷蔵で4日間保存可能。

きゅうりのソバギ

ソバギは詰めものをしたキムチのこと。
できたてから食べられ、保存すれば、
きゅうりの水分が抜けて
味が変わる過程も楽しめます。

きゅうりのムチム

ムチムはあえものの意味で、
できたらすぐに食べられる料理です。
コチュジャンのコクで
キムチとは違うおいしさに。

きゅうりのソバギ

【材料】作りやすい分量

きゅうり … 5本
塩 … 大さじ1
にらの粗みじん切り … 1/2束分（50g）
玉ねぎのみじん切り … 1/4個分
にんじんのみじん切り … 1/4本分

〈ヤンニョム〉
　粗挽き赤唐辛子（キムチ用）… 大さじ5
　ナンプラー … 大さじ2強
　きび砂糖 … 大さじ2
　しょうゆ … 大さじ1
　おろしにんにく … 大さじ1/2
　おろししょうが … 大さじ1/4

【作り方】

1. きゅうりは4〜5cm長さに切り、片側1cmほどを残して深く十字に切り込みを入れる（**a**）。深さのあるバットに並べて塩をふり、きゅうりがひたるくらいの熱湯を注いで、室温に10〜30分おく。

2. 大きめのボウルにヤンニョムの材料を入れてよく混ぜ、**1**のバットの汁大さじ1、にら、玉ねぎ、にんじんを加えてよく混ぜる。

3. **1**をざるにあけて水けをきり、**2**のボウルに加える。ヤンニョムがきゅうりにからむようにあえ（**b**）、切れ込みにも詰める（**c**）。保存容器に並べ、残ったヤンニョムをのせる。

※冷蔵で2週間保存可能。

きゅうりのムチム

【材料】作りやすい分量

きゅうり … 2〜3本（450g）
A ｜ きび砂糖 … 大さじ2
　　｜ 酢 … 大さじ2
　　｜ 塩 … 小さじ1
長ねぎのみじん切り … 10cm分

〈ヤンニョム〉
　コチュジャン … 大さじ1
　粗挽き赤唐辛子（キムチ用）… 大さじ1
　しょうゆ … 大さじ1
　ごま油 … 大さじ1
　おろしにんにく … 小さじ1
　白いりごま … 小さじ1

【作り方】

1. きゅうりは八つ割りにし、長さを3〜4等分に切る。

2. ボウルに**A**を入れて混ぜ、**1**を加えてさっとあえ、室温に20分ほどおく。きゅうりから水けが出たらさっと混ぜ、軽く水けをきって別のボウルに移す。

3. 長ねぎを加え、ヤンニョムの材料を混ぜてから加え、よくあえる。

※保存容器に入れ、冷蔵で3日間保存可能。

  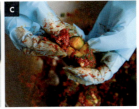

大さじなどをきゅうりの向こう側に置き、包丁の先に当たるようにするとよい。

三章 野菜も一緒にとれる ご飯と麺

韓国ののり巻き・キンパや、野菜のナムルや肉などの具材を
のせた混ぜご飯のビビンパは、日本でも人気のメニュー。
いろいろな味を紹介しているので、具材を変えて何種類か作り、
味の違いを楽しんでみてください。
多くのメニューでたっぷりの野菜を使っていますが、
どれもご飯や麺となじんで食べやすい工夫がされています。

キンパの基本の具材

昔から食べ続けられているキンパの定番の具材6種を紹介します。具材の組み合わせ方がわかるとアレンジを楽しめるようになります。

◎ **キンパたくあん**（下記）
キンパに欠かせないのがたくあん。日本のたくあんと違い、干さずに生の大根を切って甘酢に漬けたもの。

◎ **卵焼き**
厚焼き卵のほか、薄焼き卵や、錦糸卵にして加える。彩りも味も豊かになるので入れたい具。

◎ **肉などのたんぱく質**
メインの具材としてさっと焼いて加える。焼いた肉やベーコン、ハム、ソーセージなど好みのものを入れて。

◎ **かに風味かまぼこなどのたんぱく質**
キンパに入れるだけで彩りと風味も増す。なるべく添加物の少ないものを選ぶ。ほかに、ちくわや、かまぼこなどでも。

◎ **ほうれん草のナムル**（p.36）
味はもちろん、緑の彩りとしても人気。葉と茎の部分を程良く混ぜる。

◎ **にんじんの炒めナムル**（p.38）
彩りがぐんと華やかになる欠かせない存在。塩味のナムルだからにんじんの色がきれい。

◎ **キンパ用韓国のり**（a）
日本の焼きのりに比べて薄くてやわらかいのが特徴。仕上げにごま油を塗るので、油を塗っていない、味つきではないキンパ用を選んで。

キンパたくあん

日本のたくあんとは味が違い、作って1日おけば食べられるのでぜひ作ってみてください。クチナシを省き、白いたくあんにしてもOK。

【材料】作りやすい分量

大根 … 1本（1.2〜1.5kgのもの）
あればクチナシの実 … 5〜7個
A ｜ きび砂糖 … 230g
　｜ 塩 … 大さじ1と1/2
　｜ 水 … 400mℓ
酢 … 200mℓ

【作り方】

1 大根は皮を厚めにむいてキンパののりの長さに合わせて切り（a）、5〜7mm四方の棒状に切る。残った大根の上のほうは2mm厚さの半月切りにし、下のほうはせん切りにする。保存容器にすき間なく並べる。

2 クチナシの実をキッチンばさみで細かく切り（b）、だしパック袋に入れる。鍋にAとともに入れ、中火にかけて、クチナシの実からきれいな色が出るまで煮て、火を止め、酢を加える。

3 冷めないうちに、1にだしパックごと注ぎ入れる。冷暗所に1日おいてから冷蔵室に入れ、その1日後から食べられる。

※冷蔵で3〜6カ月間保存可能。
※大根が完全に甘酢にひたらなくても、漬ける間に大根から水分が出てしっかりひたるようになる。

大根の切り方
https://kdq.jp/hansik4

基本のキンパ

韓国では運動会や遠足のお弁当といえばキンパが定番。
みんな「我が家のキンパが一番!」と主張する、日本の味噌汁のような存在です。
キンパ用の韓国のりがなければ、日本の焼きのりでも同様に作れます。（作り方 p.46-47）

— 045 —

基本のキンパ

【材料】1本分

ブロックベーコン
　（のりの半分の長さの7mm四方の棒状）
　… 2本（30g）

〈卵焼き〉
　卵 … 1個
　塩 … 少々
　米油 … 小さじ1/2

〈そのほかの具〉
　かに風味かまぼこ … 3本
　キンパたくあん（p.44。棒状）
　　… 1本
　ほうれん草のナムル（p.36）
　　… 30g
　にんじんの炒めナムル（p.38）
　　… 30g

【作り方】

1　のり1枚のざらざらした面を上にして縦長におき、のり1/2枚を斜めに重ねる。

＊具が多いときは、のりを重ねておくと破れず巻ける。
＊巻きすがあれば、さらに作りやすい。

2　ボウルにご飯を入れ、Aを加えて混ぜる。ご飯だけで食べてもおいしいくらいの味つけを目安に塩で調整する。1にのせ、写真のように手前1cmと奥側4cmを目安によけて、全体に均一に広げる。

3　ご飯の手前を1cmあけて、彩りよく卵焼き、ベーコン、かに風味かまぼこ、たくあん、ほうれん草のナムルを順にのせ、ご飯の奥側も1cm程度あける。にんじんの炒めナムルを具材の中央に重ねてのせる。

4　のりの奥側の端に梅エキス（または水）をゴムべらなどで塗る。

＊梅エキスや水の代わりにご飯粒を潰してつけてもよい。

温かいご飯 … 150g
A　白いりごま … 小さじ1
　　ごま油 … 小さじ1
　　塩 … 少々
韓国のり（キンパ用）… 1と1/2枚
梅エキス（または水）… 少々
ごま油、白いりごま … 各少々

【下準備】
- フライパンを中火にかけ、ベーコンを入れて表面をさっと焼き、バットに取り出して粗熱をとる。
- 卵焼き（錦糸卵）を作る。ボウルに卵を割り入れ、塩を加えて溶きほぐす。フライパンに米油を入れて中火にかけ、卵液を流し入れ、表面が乾いてきたら裏返してさっと焼いて火を止める。バットなどに取り出して粗熱をとり、くるくる巻いて細切りにする。

5　のりを手前に引っ張りながら、具材をつかむように手前から持ち上げる。

6　のりの手前側の端と奥側のご飯の端を合わせるように巻く。巻き終わりを下にして、塗っておいた梅エキス（または水）でピッタリくっつけて留める。

7　のり全体にごま油を刷毛で塗り、ごまをちらす。

8　食べやすい太さに切り、端も一緒に器に盛る。

※余ったキンパをおいしく食べるなら、ジョンにするのがおすすめ。

キンパをジョンに

https://kdq.jp/hansik5

プルコギキンパ

油揚げのキンパ
（作り方 p.50）

プルコギキンパ

プルコギは甘辛い味つけがキンパによく合う人気具材。プルコギ（p.86）を使ってもOK。サニーレタスで肉を先に巻いておくのがきれいに巻くコツです。

【材料】1本分

〈プルコギ〉
牛薄切り肉 … 100g
A ｜ しょうゆ … 大さじ1
　｜ みりん … 大さじ1/2
　｜ ごま油 … 大さじ1/2
　｜ 砂糖 … 大さじ1/2
　｜ おろしにんにく … 小さじ1/2
　｜ こしょう … 少々

〈卵焼き〉
卵 … 1個
塩 … 少々
米油 … 小さじ1/2

〈そのほかの具〉
キンパたくあん（p.44。棒状）… 1本
ほうれん草のナムル（p.36）… 20g
にんじんの炒めナムル（p.38）… 20g
サニーレタス … 2枚

温かいご飯 … 150g
B ｜ 白いりごま … 小さじ1
　｜ ごま油 … 小さじ1
　｜ 塩 … 少々
韓国のり（キンパ用）… 1と1/2枚
梅エキス（または水）… 少々
ごま油、白いりごま … 各少々

【作り方】

1 プルコギの下ごしらえをする。ボウルにAを入れて混ぜ、牛肉を入れて揉み込み、30分ほどおく。

2 卵焼き（錦糸卵）を作る。別のボウルに卵を割り入れ、塩を加えて溶きほぐす。フライパンに米油を入れて中火にかけ、卵液を流し入れ、表面が乾いてきたら裏返してさっと焼いて火を止める。バットなどに取り出して粗熱をとり、くるくる巻いて細切りにする。

3 プルコギを仕上げる。フライパンをきれいにし、中火にかけて温め、1を入れて炒める。肉に火が通り水分がなくなったら、バットに取り出して冷ます。

4 ボウルにご飯を入れ、Bを加えて混ぜる。ご飯だけで食べてもおいしいくらいの味つけを目安に塩で調整する。

5 のり1枚のざらざらした面を上にして縦長におき、のり1/2枚を斜めに重ねる。ご飯をのせて広げ（p.46作り方2参照）、プルコギとサニーレタス以外の具を並べる（p.46作り方3参照）。サニーレタスのかたい部分は切り落とし、2枚重ねて具の上におき、プルコギを中央にのせ（a）、サニーレタスでプルコギを包む（b）。

6 のりの奥側の端に梅エキス（または水）を塗る。のりを手前に引っ張りながら、具材をつかむように巻く。巻き終わりを下にしてのりを留める。のり全体にごま油を刷毛で塗り、ごまを散らす。食べやすい太さに切り、端も一緒に器に盛る。

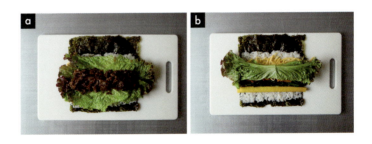

油揚げのキンパ

肉が入らないヘルシーなキンパ。
油揚げは韓国のキンパ専門店でも人気の具材です。
たっぷり入れるのがおいしさの秘訣。

【材料】1本分

〈油揚げの煮もの〉
油揚げ … 3枚（40g）
A｜きび砂糖 … 大さじ1
　｜しょうゆ … 大さじ1
　｜水 … 大さじ2
米油 … 小さじ2

〈卵焼き〉
卵 … 1個
塩 … 少々
米油 … 小さじ1/2

〈そのほかの具〉
キンパたくあん（p.44。棒状）… 1本
かに風味かまぼこ … 3本
ほうれん草のナムル（p.36）… 40g
にんじんの炒めナムル（p.38）… 40g
温かいご飯 … 150g
B｜白いりごま … 小さじ1
　｜ごま油 … 小さじ1
　｜塩 … 少々
韓国のり（キンパ用）… 1と1/2枚
梅エキス（または水）… 少々
ごま油、白いりごま … 各少々

【作り方】

1　油揚げの煮ものを作る。油揚げは縦長において横半分、縦1.5〜2cm幅に切る。フライパンに米油を入れて中火にかけ、油揚げとAを入れて水分がなくなるまで炒め、バットに取り出して冷ます。

2　卵焼き（薄焼き卵）を作る。ボウルに卵を割り入れ、塩を加えて溶きほぐす。フライパンをきれいにし、米油を入れて中火にかけ、卵液を流し入れ、表面が乾いてきたら手前から奥へ巻いて取り出す。

3　ボウルにご飯を入れ、Bを加えて混ぜる。ご飯だけで食べてもおいしいくらいの味つけを目安に塩で調整する。

4　のり1枚のざらざらした面を上にして縦長におき、のり1/2枚を斜めに重ねる。ご飯をのせて広げ（p.46作り方2参照）、卵焼きとそのほかの具を並べ（p.46作り方3参照）、具材の中央に油揚げをのせる（a）。

5　のりの奥側の端に梅エキス（または水）を塗る。のりを手前に引っ張りながら、具材をつかむように巻く。巻き終わりを下にしてのりを留める。のり全体にごま油を刷毛で塗り、ごまを散らす。食べやすい太さに切り、端も一緒に器に盛る。

コマキンパ

「コマ」は韓国語で小さいという意味。
小さなキンパを竹串に刺して、からしソースを
つけて食べるのが屋台で人気のスタイルです。

【材料】12本分

温かいご飯 … 300g
A ┌ 白いりごま … 大さじ1
  │ ごま油 … 小さじ1
  └ 塩 … 少々
韓国のり（キンパ用。縦横半分に
　　切ったもの）… 12切れ
〈具〉
　ほうれん草のナムル (p.36) … 120g
　にんじんの炒めナムル (p.38) … 130g
　ロースハムのせん切り … 80g
　キンパたくあん (p.44。せん切り) … 80g
ごま油、白いりごま … 各少々

〈からしソース〉
練りがらし … 小さじ1/3
しょうゆ … 大さじ1
梅エキス … 大さじ1
　（またはきび砂糖小さじ2）
酢 … 大さじ1/2
水 … 大さじ1

【作り方】

1　ボウルにご飯を入れ、Aを加えて混ぜる。ご飯だけで食べてもおいしいくらいの味つけを目安に塩で調整する。

2　のり1切れのざらざらした面を上にしておき、ご飯大さじ2をのせ、全体に薄く広げる。具の1/12量を中央におき（a）、のりを手前に引っ張りながら巻く。巻き終わりを下にしてバットにおく。残りも同様に巻く。上面にごま油を刷毛で塗り、ごまをふる。

3　からしソースの材料を器に入れてよく混ぜ、キンパにつけて食べる。

いかと大根のあえもの

【材料】3〜4人分

するめいか…2杯（200g）
大根 … 1/3本（400g）
A｜きび砂糖…大さじ2
　｜酢 … 大さじ2
　｜塩 … 大さじ1
B｜オリゴ糖（または水飴）…大さじ2
　｜粗挽き赤唐辛子（キムチ用）…大さじ1と1/2
　｜ナンプラー … 大さじ1
　｜梅エキス … 大さじ1（またはきび砂糖小さじ2）
　｜おろしにんにく … 小さじ1〜大さじ1
　｜おろししょうが … 小さじ1/3

【作り方】

1　大根の皮は汚れた部分だけをむいて乱切りにする。ボウルに大根とAを入れて軽く混ぜ、室温に30分〜1時間おく。Bを別のボウルに入れて混ぜ、冷蔵室に30分以上おく。

2　いかはわたごと足を引き抜き、わたを切り離し、胴と足をきれいに洗う。鍋に湯を沸かしていかを入れ、1〜2分ゆでて取り出す。胴は横2〜3等分に切り、開いて短冊切りにする。足は2〜3本ずつ切り分け、食べやすい長さに切る。

3　Bのボウルにいかを加え、大根は水けを絞って加え、あえる。コマキンパ（下記）と一緒に器に盛る。

◎ 具なしコマキンパ

【材料】3〜4人分

温かいご飯 … 450g
A｜ごま油 … 大さじ1
　｜白いりごま … 小さじ1
　｜塩 … 少々
韓国のり（キンパ用。縦半分に切ったもの）… 6切れ
ごま油、白いりごま … 各少々

【作り方】

❶ ボウルにご飯を入れ、Aを加えて混ぜる。ご飯だけで食べてもおいしいくらいの味つけを目安に塩で調整する。

❷ のりのざらざらした面を上にして横長におき、ご飯を等分にのせ、薄く広げて巻く。上面にごま油を刷毛で塗り、ごまを散らす。3〜4等分に食べやすく切り分ける。

いかと大根のあえものとコマキンパ

そのまま食べてもおいしいいかと大根をあえた
さっぱり味のおかずと、ご飯をのりで巻いただけの
具なしコマキンパをワンプレートに。
この組み合わせが、韓国で人気の屋台メニューです。

具材とたれ、ご飯はしっかり混ぜることで味が均一になり、おいしさが増します。

基本のビビンパ

ビビンパとは混ぜご飯の意味。焼いた肉や肉みそだれと卵、
野菜のナムルを彩りよくご飯にのせ、具とご飯がなじむようによく混ぜて食べます。
韓国の家庭では、白いご飯に好みのナムルをのせ、自分でビビンパを作って食べたりも。

【材料】2人分

ひき肉のコチュジャンだれ（右記）
　　… 大さじ2
〈ナムル〉
　大根の炒めナムル（p.38）… 60g
　ズッキーニの炒めナムル（p.36）… 60g
　にんじんの炒めナムル（p.38）… 50g
　ほうれん草のナムル（p.36）… 60g
　しいたけの炒めナムル（p.38）… 50g
　豆もやしのナムル（p.36）… 60g
目玉焼き … 2個
温かいご飯 … 300g
ごま油 … 小さじ2
白いりごま … 適量

【作り方】

器にご飯を盛り、中央に目玉焼きをのせ、ナムルとひき肉のコチュジャンだれを周囲にのせる。ごま油を回しかけ、ごまをふって食べる前によく混ぜる。

◎ひき肉のコチュジャンだれ

【材料】作りやすい分量

牛ひき肉 … 160g
玉ねぎのみじん切り
　… 1/4個分（20g）
米油 … 大さじ1
A｜しょうゆ … 大さじ1
　｜みりん … 大さじ1
　｜きび砂糖 … 小さじ1
　｜おろしにんにく
　｜　… 小さじ1/2
コチュジャン … 大さじ3
オリゴ糖（または水飴）
　… 大さじ1
ごま油 … 大さじ1
白いりごま … 小さじ1

【作り方】

❶ フライパンに米油を入れて強火にかけ、玉ねぎを入れて1分30秒ほど炒める。ひき肉を加えて炒め、ひき肉の色が変わり始めたら弱火にする。

❷ Aを加え、ひき肉に火が通るまで炒める。コチュジャンを加え、中火にして3分ほど炒め、オリゴ糖を加え（a）、よく混ぜて甘みとつやを出す。火を止め、ごま油とごまを加えて混ぜる。

※保存容器に入れ、冷蔵で5日間保存可能。

オリゴ糖は熱に弱いタイプもあるので、最後にさっと加えて混ぜる。

サニーレタスのベジビビンパ

季節の野菜をたっぷりとれる、夏に食べたい
ビビンパです。鍋で作るだけで石焼きビビンパのような
おこげも味わえるのがポイントです。

【材料】2人分

サニーレタス … 6枚（好みで増やしてもよい）
ごま油 … 小さじ1
温かいご飯 … 300g
〈しょうゆだれ〉
　小ねぎのみじん切り … 大さじ2
　しょうゆ … 大さじ2
　オリゴ糖（または水飴）… 大さじ1
　ごま油 … 大さじ1
　白いりごま … 大さじ1
　おろしにんにく … 小さじ1/2
　粗挽き赤唐辛子（キムチ用）… 小さじ1/4

【作り方】

1　サニーレタスをざく切りにする。しょうゆだれの材料を混ぜて容器に入れる。

2　厚手の鍋にごま油を入れて中火にかけ、ご飯を入れて広げる。サニーレタスを上に広げてふたをし、弱火にして3分ほど蒸し焼きにする。

3　サニーレタスがしんなりしたら、鍋の中で混ぜて（a）、器に盛る。しょうゆだれをかけてよく混ぜて食べる。

サニーレタスの水分が抜けてかさが減るから、たくさん食べられる。

まぐろ刺身のビビンパ

刺身は酢コチュジャンだれで食べるのが、
韓国では人気。刺身はまぐろのほか、
サーモンや、白身の魚などでもおいしく食べられます。

【材料】2人分

まぐろ（赤身、刺身用）
　… 1さく（200g）
玉ねぎ … 40g
きゅうり … 40g
紫キャベツ … 30g
ブロッコリースプラウト … 20g
サニーレタス … 1枚
温かいご飯 … 360g
ごま油 … 小さじ1
白いりごま … 小さじ1

〈酢コチュジャンだれ〉
コチュジャン … 大さじ2
オリゴ糖（または水飴）
　… 大さじ2
酢 … 大さじ2
味噌 … 大さじ1
おろしにんにく … 小さじ1
レモン汁 … 大さじ1

【作り方】

1 ボウルに酢コチュジャンだれの材料を入れて混ぜ、冷蔵室に10分以上おいて冷やす。

2 玉ねぎは薄切り、きゅうりと紫キャベツはせん切りにして氷水に5分ほどひたして水けをきる。サニーレタスは手でちぎる。ブロッコリースプラウトは、さっと洗って水けをきる。

3 まぐろを1.5cm角に切る。

4 器にご飯を盛り、2の野菜を盛りつけ、中央に3をのせる。冷えた1をかけ、ごま油を回しかけ、ごまをふってよく混ぜて食べる。

玉ねぎのビビン麺

韓国のお店では麺の種類がいろいろありますが、
家庭で作るならそうめんがおすすめ。
麺となじむように玉ねぎはごく薄く切ること。

【材料】2人分

玉ねぎ … 1/2個
そうめん … 3束（150g）
ごま油 … 大さじ1
白いりごま … 小さじ1
きゅうりのせん切り
　… 1/3本分
半熟ゆで卵
　（縦半分に切ったもの）
　… 1個分

〈たれ〉
酢 … 大さじ2
コチュジャン … 大さじ1
しょうゆ … 大さじ1
オリゴ糖（または水飴）
　… 大さじ1
粗挽き赤唐辛子（キムチ用）
　… 大さじ1/2
きび砂糖 … 小さじ1

【作り方】

1　大きめのボウルにたれの材料を入れて混ぜる。玉ねぎはスライサーか包丁でごく薄切りにする。辛みが気になる場合は、10分ほど水にさらして水けをきる。

2　鍋に湯を沸かし、そうめんを表示時間通りゆでてざるにあける。流水で洗い、水けをきる。1のボウルに、玉ねぎとそうめんを加えてたれと混ぜる（a）。ごま油を回しかけ、ごまをふってさっと混ぜる。

3　器に盛り、きゅうりとゆで卵を添える。

たれと混ぜると玉ねぎがやわらかくなり、
麺となじんで一体感が出る。

チェンバングクス

無水ポッサム（p.84）の〆に食べる、さっぱりとした冷たいそば。日本のそばで作れますが、十割そばではなく、小麦粉の割合が多いもののほうが本場に近い食感になります。

【材料】2人分

そば（乾燥）… 200g
サニーレタス … 3枚
えごまの葉 … 6枚
キャベツ、紫キャベツ
　… 合わせて50g
きゅうり … 1/2本
黄パプリカ … 1/2個
にんじん … 1/3本
半熟ゆで卵
　（縦半分に切ったもの）
　… 1個分

〈たれ〉
りんご … 1/3個
きび砂糖 … 大さじ2
酢 … 大さじ2
しょうゆ … 大さじ2
粗挽き赤唐辛子（キムチ用）
　… 大さじ1と1/2
おろしにんにく
　… 小さじ1
練りがらし … 小さじ1/4

【作り方】

1. たれを作る。りんごは皮ごとおろし器ですりおろす。ボウルに入れ、残りのたれの材料を加えてよく混ぜる。
2. サニーレタスは5mm幅の細切りに、えごまの葉とキャベツ、紫キャベツ、にんじんはそれぞれせん切りに、きゅうりとパプリカは長さをそろえて細切りにする。
3. 鍋に湯を沸かし、そばを表示時間通りゆでて、流水で洗い、ざるにあけて水けをきる。
4. 器の周囲に**2**の野菜をそれぞれのせ、中央に**3**を盛り、**1**をかける。半熟卵をのせ、よく混ぜて食べる（**a**）。

四章

具だくさんで栄養たっぷりの
副菜

日本でよく知られている韓国料理といえば、チヂミやチャプチェ。
具材を変えると、違ったおいしさが発見できます。
ご飯のおかずや、おつまみにもぴったりのメニューは、
野菜やたんぱく質がとれ、一品追加するだけで栄養面も充実します。
韓国の卵料理の定番、ケランチムもぜひ挑戦してみてください。

いかとねぎのチヂミ

チリチリと焼ける音が雨音を思わせるから……など、
理由は諸説あるものの、韓国では雨の日にチヂミを食べる習慣があります。
マッコリと合わせてゆっくり過ごすのも、雨の日の楽しみ。

【材料】直径20cmのもの2枚

するめいか … 2杯（200g）
小ねぎ … 小2束（160g）
片栗粉 … 1/2カップ（65g）
薄力粉 … 1/2カップ（55g）
溶き卵 … 2個分
あれば青唐辛子の小口切り … 1/2本分
パン粉 … 大さじ4
米油 … 大さじ4
チヂミのたれ（右記）… 適量

【作り方】

1　小ねぎはフライパンに入る長さに切る。

2　いかはわたごと足を引き抜き、わたを切り離し、胴と足をきれいに洗う。鍋に湯を沸かしていかを入れ、1～2分ゆでて取り出す。ゆで汁1カップを取りおいて冷ましておく。胴は横2～3等分に切り、開いて短冊切りにする。足は2～3本ずつ切り分け、食べやすい長さに切る。

3　生地を作る。ボウルに片栗粉、薄力粉を入れて混ぜ、冷ましたいかのゆで汁を加える（a）。

4　直径22cmほどのフライパンに米油大さじ2を入れて中火にかける。3のボウルに小ねぎの半量を入れて生地をからめ、フライパンに広げて並べる（根元のほうを先に入れ、上に葉先を重ねる）。スプーンなどで生地を2～3杯すくい、広げてかける（b）。

5　いかの半量をたっぷりのせて広げ、青唐辛子をちらす。パン粉の半量をいかの上にふり、溶き卵の半量を全体に回しかける（c）。強めの弱火にし、表面が乾いたら裏返し、カリッと焼けたら取り出す。同様にしてもう1枚焼く。

6　食べやすく切って器に盛る。チヂミのたれを添え、つけて食べる。

◎チヂミのたれ

【材料】作りやすい分量

しょうゆ … 大さじ2
小ねぎの小口切り … 大さじ1
酢 … 大さじ1
きび砂糖 … 大さじ2/3
ごま油 … 小さじ1
白いりごま … 小さじ1
あれば粗挽き赤唐辛子（キムチ用）… 少々

【作り方】

すべての材料を混ぜ合わせる。

白菜のチヂミ

白菜が甘くなる季節におすすめ。
生地に水分を加えなくても、
具材から水分が出てまとまり、
カリッと焼き上がります。

【材料】直径20cmのもの2枚

白菜 … 300g
豚薄切り肉 … 100g
小ねぎ … 小1束（80g）
片栗粉 … 大さじ4
塩 … 小さじ1/2
卵 … 2個
米油 … 大さじ4
チヂミのたれ（p.63）… 適量

【作り方】

1. 白菜の白い軸の部分はせん切りにし、葉は食べやすい大きさに切る。小ねぎは2〜3cm長さに切る。豚薄切り肉は1cm幅に切る。

2. ボウルに1を入れてさっと混ぜ合わせる。片栗粉と塩を加えて混ぜ、具に粉をまぶす（a）。卵を割り入れ、さらに混ぜる。

3. 直径22cmほどのフライパンに米油大さじ2を入れて強めの中火にかけ、2の半量を丸く広げて焼く。フライパンをゆすってチヂミが軽くなって動いたら、ひっくり返してフライ返しなどで押しながらカリッと焼く。同様にしてもう1枚焼き、器に盛る。食べやすく切り、チヂミのたれを添え、つけて食べる。

じゃがいものチヂミ

韓国ではじゃがいものチヂミのお店は
山の近くに多く、
下山後にチヂミとマッコリを
楽しむのがレジャーとして人気です。

【材料】直径20cmのもの2枚

じゃがいも … 小3〜4個（350〜400g）
塩 … 少々
片栗粉 … 小さじ2
米油 … 大さじ2
〈たれ〉
　しょうゆ … 大さじ2
　酢 … 大さじ1
　梅エキス … 小さじ2（またはきび砂糖大さじ1/2）
　小ねぎの小口切り … 適量

【作り方】

1　じゃがいもは皮をむいて洗い、おろし金ですりおろす。ボウルにざるを重ねたところに入れ、スプーンで押して汁けをきる（a）。ボウルの汁を5分ほどおく。沈んだでんぷんは残し、上澄みの汁を捨てる（b）。

2　じゃがいものすりおろしを1のボウルのでんぷんと混ぜ、塩、片栗粉を加えてよく混ぜる。

3　直径22cmほどのフライパンに米油大さじ1を入れ、強めの弱火で熱する。2の半量を入れて丸く成形し、焼きかたまったらフライ返しなどで押しつけながら、頻繁に裏返して表面がカリカリになるまで焼く。同様にしてもう1枚焼き、食べやすく切って器に盛る。たれの材料を混ぜて別の器に入れ、つけて食べる。

【材料】直径20cmのもの2枚

オートミール（インスタントオーツ）… 100g
するめいか … 小1杯（100g）
にら … 小1/2束（80g）
溶き卵 … 2個分
白菜のキムチ（p.26。または市販品）の粗みじん切り… 大さじ2
ナンプラー … 小さじ2
米油 … 大さじ2
チヂミの玉ねぎだれ（下記）… 適量

【作り方】

1. ボウルにオートミールと水100mlを入れ、30分ほど室温においてオートミールをふやかす（急ぐ場合は耐熱容器に入れ、600Wの電子レンジで2分加熱し、冷ます）。

2. にらは3〜5cm長さに切る。いかはわたごと足を引き抜き、わたを切り離し、胴と足をきれいに洗う。キッチンばさみで胴を開き、1cm幅の短冊切りにする。足は2〜3本ずつ切り分け、食べやすい長さに切る。

3. 1のボウルに2と溶き卵、白菜のキムチ、ナンプラーを加えてよく混ぜる。

4. 直径22cmほどのフライパンに米油大さじ1を入れて中火にかける。3の半量を丸く広げる。フライパンをゆすってチヂミが軽くなって動いたら、ひっくり返し、フライ返しなどで押しながら、生地がこんがりするまで焼く。同様にしてもう1枚焼く。

5. 器に盛り、食べやすく切る。チヂミの玉ねぎだれを別の器に入れ、つけて食べる。

オートミール
鉄分やビタミンが多いオーツ麦（えん麦）のシリアル。調理時間が短く、使いやすいインスタントオーツを使用。

◎チヂミの玉ねぎだれ

【材料】作りやすい分量

玉ねぎのみじん切り … 大さじ2（20g）
しょうゆ … 大さじ2
梅エキス … 大さじ1（またはきび砂糖小さじ2）
酢 … 小さじ1
白いりごま … 適量
水 … 大さじ1

【作り方】

すべての材料を混ぜ合わせる。

オートミールチヂミ

小麦粉の代わりに
食物繊維たっぷりのオートミールを使うから、
ダイエット中の人にもおすすめ。
オートミールがカリッと焼けておいしく食べられます。

牡蠣のライスペーパーチヂミ

小麦粉を使わず低カロリーのライスペーパーで作るチヂミは、
ダイエットにもおすすめ。
牡蠣のような大きな具でもバラバラにならず、上手に焼けるメリットも。

【材料】直径22cmのライスペーパー2枚分

牡蠣（生食用）… 200g
にら … 小1束（80g）
ライスペーパー（直径22cm）… 2枚
米油 … 大さじ2
チヂミのたれ（p.63）… 適量
〈生地〉
　卵 … 1個
　片栗粉 … 大さじ3
　ごま油 … 大さじ1
　ナンプラー … 小さじ1（または塩小さじ1/2）

【作り方】

1　にらは2～3cm長さに切る。ボウルに塩水（分量外。水500mlに塩大さじ1を混ぜる）を作り、牡蠣を入れてよくすすぐ。流水で洗って、ペーパータオルで水けを拭く。

2　ボウルに1を入れ、生地の材料をすべて加え、菜箸で混ぜる。

3　フライパンに米油大さじ1とライスペーパー1枚を入れて、火をつける前にライスペーパーに油をなじませる。2の半量をのせて弱めの中火にかけ、表面が乾いてきたら裏返し（a）、こんがりと焼き色がつくまで焼いて取り出す。同様にしてもう1枚焼く。

4　器に盛り、キッチンばさみで食べやすく切る（b）。チヂミのたれを別の器に入れ、つけて食べる。

ジョンの盛り合わせ

ジョンは野菜や肉に粉をまぶし、卵液をつけて焼いた韓国風ピカタ。
しいたけを飾り切りにしたり、野菜で彩りを添えたりして楽しむ、
正月や誕生日などのお祝いの席に欠かせない料理です。

【材料】3〜4人分

しいたけ … 5個
れんこん … 1〜1.5cm
赤パプリカ … 1個

〈豆腐とひき肉の肉だね〉
　豚ひき肉 … 200g
　木綿豆腐 … 1/3丁（70〜100g）
　玉ねぎのみじん切り … 1/4個分
　長ねぎのみじん切り … 1/4本分
　しいたけのみじん切り … 1個分
　にんじんのみじん切り … 1/5本分
　ごま油 … 大さじ1
　おろしにんにく … 小さじ1
　塩 … 小さじ1
　こしょう … 小さじ1/2
A｜小麦粉 … 大さじ1
　｜片栗粉 … 大さじ1
米油 … 大さじ2
溶き卵 … 2個分
ジョンのたれ（右記）… 適量

◎ジョンのたれ

【材料】作りやすい分量

しょうゆ … 大さじ2
酢 … 大さじ1
きび砂糖 … 大さじ1/2
ごま油 … 小さじ1
小ねぎの小口切り … 大さじ1
白いりごま … 小さじ1
あれば粗挽き赤唐辛子（キムチ用）… 少々

【作り方】
すべての材料を混ぜ合わせる。

【作り方】

1　しいたけは軸を切り分け、かさに十字に浅く切り目を入れ、1〜2個はさらに対向する2カ所の表面の皮をむく。軸はみじん切りにする。

2　れんこんは皮をむいて2〜3mm厚さの輪切りにする。パプリカは上下を切り落として縦4等分に切る。

3　肉だねを作る。豆腐を包丁などで潰し、ふきんで包んで水けを絞る（a）。ボウルに入れ、残りの肉だねの材料と、1のしいたけの軸を加え、手で粘りが出るまでよく練る。

4　バットに、しいたけはかさを下にしておき、パプリカは切り口を上にして並べ、れんこんは重ならないように並べる。Aを混ぜて茶こしに入れ、野菜の上面にふる。

5　しいたけとパプリカの粉をふった面に3の肉だねをへらなどで詰める（b）。れんこんは穴に詰めるように塗る。残った肉だねは一口サイズの平たい肉団子の形にして、両面に粉をふる。

6　フライパンに米油を入れて弱火にかける。野菜は肉だねを詰めた面だけを溶き卵をひたし、溶き卵をつけた面から焼き始める（c）。じっくりと火を通しながら両面を焼く。肉団子は全体を溶き卵にくぐらせ、上下を返しながら両面をこんがりと焼く（一度に焼けなければ、数回に分けて行なう）。

7　器に盛り、たれを添える。

【材料】5〜6人分

豚ロースしょうが焼き用肉…200g
〈下味〉
　しょうゆ … 大さじ1
　きび砂糖 … 大さじ1
　料理酒 … 大さじ1
　おろしにんにく … 小さじ1
玉ねぎ … 2/3個
しいたけ … 5個
にんじん … 1/4本
赤パプリカ … 1/2個
ほうれん草…1/2束（100g）
米油 … 適量
塩 … 適量
韓国春雨 … 200g
A　しょうゆ … 大さじ4
　　きび砂糖 … 大さじ2
　　米油 … 大さじ2
ごま油、白いりごま … 各大さじ1

【作り方】

1. 豚肉は1cm幅に切ってボウルに入れ、下味を揉み込む。20分以上おいて、味をなじませる。

2. 玉ねぎは縦薄切りに、しいたけは軸を除き、かさを薄切りにする。にんじんはせん切りにし、パプリカは細切りにする。ほうれん草は5cm長さに切る。

3. フライパンに米油小さじ1を入れて強めの中火にかけ、玉ねぎを入れて塩少々をふり、透き通るまで炒める。バットに取り出して、広げて冷まし、大きめのボウルに入れる。

4. 同じフライパンに米油少々を足して中火にかけ、パプリカを入れて塩少々をふり、さっと炒める（a）。バットに取り出して、広げて冷まし、3のボウルに加える。

5. 同じフライパンに米油少々を足して強めの中火にかけ、にんじんを入れて塩少々をふり、しんなりするまで炒める。バットに取り出して、広げて冷まし、4のボウルに加える。

6. 同じフライパンを弱火にかけ、しいたけを入れて塩少々をふり、しいたけの水分が飛ぶまでじっくり炒める。バットに取り出して、広げて冷まし、5のボウルに加える。

7. 同じフライパンに米油少々を足して弱火にかけ、ほうれん草を入れてふたをして、しんなりするまで加熱する。塩少々をふって軽く混ぜ、バットに取り出して、広げて冷まし、6のボウルに加える。

8. 同じフライパンを強めの中火にかけ、1の肉を入れてカリッとするまで炒める。バットに取り出して、広げて冷まし、7のボウルに加える。

9. 鍋に湯を沸かし、春雨を入れて表示時間通りにゆでて冷水にとり、水けをきる。

10. フライパンにAを入れて強火にかけ、沸騰し始めたら、きび砂糖が溶けるまでさっと混ぜる。9を加え、春雨に味がなじむまで炒める（b）。8のボウルに加え、ごま油、ごまを加えて手でよくあえる（c）。

※保存容器に入れ、冷蔵で3日間保存可能。
※チャプチェが冷めてかたくなった時は、フライパンにチャプチェと水（チャプチェ1人分〈約125g〉に対して水大さじ2〜3が目安）を入れて中火にかけ、温まるまでさっと炒める。

本格チャプチェ

結婚式や誕生日などのお祝いの場や、
お盆や正月に必ず並ぶ料理のひとつ。
もちもちとした食感の韓国春雨を使い、
具材は水分が出ないように1種類ずつ炒めて
日持ちするように作る本格派です。
たくさん作ってアレンジ料理にするのが韓国流。

玉ねぎのチャプチェ

具材は玉ねぎだけ、フライパンひとつで作れる簡単チャプチェ。
日々のおかずにぴったりの、ご飯が進む味つけです。
韓国春雨と食感が似ている「マロニー」で作るチャプチェもおすすめです。

「マロニー」で作る
チャプチェ
https://kdq.jp/hansik6

【材料】2人分

韓国春雨 … 100〜120g
玉ねぎ … 大1個（250g）
米油 … 大さじ1
粗挽き赤唐辛子（キムチ用）
　… 小さじ1
長ねぎの小口切り … 適量
あれば青唐辛子の小口切り
　… 適量

〈合わせ調味料〉
　しょうゆ … 大さじ3
　オイスターソース … 大さじ1
　ごま油 … 大さじ1
　きび砂糖 … 大さじ1
　白いりごま … 小さじ1
　おろしにんにく … 小さじ1/2
　こしょう … 小さじ1/3
　水 … 100ml

【作り方】

1　ボウルに春雨を入れてかぶるくらいのぬるま湯を注ぎ、30分ほどおいてふやかし、水けをきる。

2　玉ねぎは縦半分に切り、5mm厚さのくし形切りにする。

3　フライパンに米油を入れて強火にかけ、玉ねぎを入れて食感が残る程度に2〜3分炒める。1の春雨と合わせ調味料を加え、中火にして2〜3分炒める。春雨がやわらかくなったら、赤唐辛子、長ねぎ、青唐辛子を加えてさっと炒め合わせる。

キムマリ

残ったチャプチェとライスペーパーで作る
春雨ののり巻き揚げ。韓国では人気の屋台フードで、
パリパリもちもちの食感がクセになります。

【材料】8個分

本格チャプチェ（p.72）… 250g
韓国のり（キンパ用。縦横半分に切ったもの）… 8切れ
ライスペーパー（直径22cm）… 8枚
米油 … 大さじ2
キムマリのたれ（右記）… 適量

【作り方】

1　チャプチェが冷めてかたくなっている場合は、フライパンにチャプチェと水大さじ4～6を入れて中火にかけ、温まるまでさっと炒める。

2　バットに湯を張り、ライスペーパー1枚をくぐらせて台におく。のり1切れをのざらざらした面を上にして中央にのせ、チャプチェ1/8量をのりの手前にのせる。ライスペーパーの手前をひと折りして（a）、両脇を折り、手前からくるくると巻く。巻き終わりを下にしてバットにおく。同様にして8個作る。

3　フライパンに米油を入れて中火にかけ、2を入れてライスペーパーがくっつかないように転がしながら焼き、表面がこんがりしたら器に盛り、たれを添える。

◎キムマリのたれ

【材料】作りやすい分量

A｜しょうゆ … 大さじ2
　　オリゴ糖（または水飴）
　　　… 大さじ2/3
　　ごま油 … 小さじ1
　　おろしにんにく … 小さじ1/2
白いりごま … 少々
小ねぎの小口切り … 少々

【作り方】

Aをよく混ぜ、ごまと小ねぎを加えてさっと混ぜる。

基本のケランチム

韓国の土鍋・トッペギで作る、ふわふわの韓国風茶碗蒸し。
人数分をまとめて作ることで、卵液がふんわりと
大きく盛り上がる、見た目も楽しい一品。
トッペギがなければ、小さな土鍋や厚手の鍋でも作れます。

【材料】2人分、500〜600mlの鍋1個分

卵 … 3個
白だし … 大さじ1
塩 … 小さじ1/4
ごま油 … 適量
長ねぎのみじん切り … 大さじ2
玉ねぎのみじん切り … 大さじ1
にんじんのみじん切り … 大さじ1

【作り方】

1. ミキサーに卵を割り入れ、水150ml、白だし、塩を入れて攪拌する。卵の白身が見えなくなるまで混ぜる(ミキサーがない場合は、ボウルに入れて泡立て器でよく混ぜ、ざるで濾す)。

2. 鍋に卵がつかないように、鍋肌からごま油を回し入れ、刷毛で塗り広げる(a)。

3. 鍋に1を入れて強火にかけ、卵が固まり始めたら弱めの中火にし、長ねぎ、玉ねぎ、にんじんを加える。鍋底や側面についた卵が焦げないようにスプーンなどではがしながら、かき混ぜる。

4. 8割方火が通り(b)、卵がふくらんできたらごく弱火にし、高さのあるふたやボウルをかぶせて(c)、3分加熱して火を止める。好みでごま油を回しかける。

チーズケランチム

辛い料理が多い韓国では、お店のサービスで箸休めにケランチムが提供されることも。特にチーズは、唐辛子の辛さを和らげる効果があります。半量ずつ小さな鍋で作っても食べやすい。

【材料】2人分、500～600mlの鍋1個分

卵 … 3個
ピザ用チーズ … 50g
きび砂糖 … 大さじ1/3
塩 … ふたつまみ
白だし … 大さじ1
ごま油 … 適量
長ねぎのみじん切り … 10cm分

【作り方】

1 鍋に卵がつかないように、鍋肌からごま油を回し入れ、刷毛で塗り広げる。

2 鍋に卵を割り入れ、きび砂糖、塩を加える。卵の白身を切るようにフォークや小さめの泡立て器でよく混ぜる。白だし、水100ml、長ねぎを加えてさらに混ぜる。

3 強火にかけ、沸騰し始めたら弱めの中火にし、鍋底や側面についた卵が焦げないようにスプーンなどではがしながら、かき混ぜる。

4 8割方火が通り、卵がふくらんできたらチーズを加えてごく弱火にし、ふたをして3～5分加熱して火を止める。

スンドゥブケランチム

豆腐入りのケランチムは、朝食や胃が疲れたときにも食べやすい、やさしい味わい。そのままでもご飯にかけてもおいしく食べられます。

【材料】2人分

卵 … 3個
絹ごし豆腐 … 1丁（300g）
小ねぎの小口切り … 大さじ2
にんじんのみじん切り … 大さじ2
〈合わせ調味料〉
　白だし … 大さじ1
　みりん … 大さじ1
　ごま油 … 小さじ1
　塩 … 小さじ1/2

【作り方】

1　ボウルに卵を割り入れて、白身を切るようにフォークなどでよく混ぜる。小ねぎとにんじんはトッピング用に半量ずつ取り分け、残りをボウルに加え、水100mlと合わせ調味料を加えてよく混ぜる。

2　鍋に豆腐と1を入れて強火にかける。沸騰したら鍋底や側面についた卵が焦げないようにスプーンなどではがしながら、豆腐もくずして混ぜる。

3　8割方火が通り、卵がふくらんできたらトッピング用の野菜をのせてごく弱火にし、ふたをして2〜3分加熱して火を止める。好みでごま油を回しかける。

ジンミチェ

常備菜として定番の、さきいかのあえもの。
ここでは日本のおつまみ用さきいかで作りましたが、
塩味が強いので、ゆでこぼすのがポイント。

【材料】作りやすい分量

さきいか（市販）… 100g
A｜ 米油 … 大さじ1
　｜ コチュジャン … 大さじ1
　｜ マヨネーズ … 大さじ1
　｜ オリゴ糖（または水飴）… 大さじ1
　｜ しょうゆ … 小さじ1
　｜ きび砂糖 … 小さじ1
白いりごま … 少々

【作り方】

1. 鍋にさきいかを入れ、ひたるくらいの水を注いで中火にかける。沸騰してから30秒〜1分ゆでて（a）、ざるにあけ、水けをきる。粗熱をとり、好みで手で細かく裂く。

2. フライパンにAを入れて弱めの中火にかけ、混ぜながら2〜3分煮て火を止める。1を加えてよくあえ、ごまをふりかけてさっと混ぜる。

※保存容器に入れ、冷蔵で3週間保存可能。

サンチュムチム

韓国ではサニーレタスとサンチュは同じものなので、「サンチュムチム」はサニーレタスのあえものという意味。チョレギサラダと似ていますが、味は少し違います。

【材料】2〜3人分

ベビーリーフ … 1袋（40g）
サニーレタス … 2枚
乾燥わかめ … 3g（または生わかめ30g）
きゅうり … 1/2本
ブロッコリースプラウト … 1パック（30g）
韓国のり（味つき）… 1/2枚
〈たれ〉
　しょうゆ … 大さじ2
　梅エキス … 大さじ2（またはきび砂糖大さじ1と1/2）
　ごま油 … 大さじ2
　酢 … 大さじ1
　おろしにんにく … 小さじ1/2
　こしょう … 2ふり
　練りがらし … 少々

【作り方】

1　ベビーリーフ、サニーレタスはよく洗って水けをしっかりきり、ポリ袋に入れて口を軽く結ぶ。1時間以上冷蔵室で冷やし、シャキシャキの食感にする。

2　わかめは冷水につけて袋の表示通りに戻す（生わかめの場合はさらに食べやすく切る）。きゅうりは斜め薄切りにする。

3　1を冷蔵室から取り出し、サニーレタスは芯のかたい部分を除き、手で食べやすい大きさにちぎってボウルに入れる。ベビーリーフと2、ブロッコリースプラウトを加えてざっと混ぜ、のりを手でちぎって加え、さっと混ぜて器に盛る。

4　たれの材料を混ぜて添え、食べる直前にかけ、よく混ぜて食べる。

五章

野菜とたんぱく質が一度にとれる
肉や魚介の主菜

ポッサムやプルコギ、サムギョプサルなど、
家庭で作れる人気の肉料理を中心に紹介します。
肉にキムチやねぎをのせて葉もの野菜でくるんで食べたり、
ゆで野菜をたっぷり添えるなど、どのメニューも
野菜とたんぱく質が一度にとれるバランスのよさが魅力です。

白菜の塩漬けに豚肉と大根キムチをのせて巻き、サムジャンをつけて食べるのが定番。

無水ポッサム

厚手の鍋に野菜を敷き、肉の脂を落として蒸し焼きに。野菜の風味がつき、ゆでるのとはまた違うしっとりとしたおいしさで、白菜の塩漬けで巻くと格別です。鍋に蒸し汁がたくさん残ったら、濾して味噌汁やラーメンのスープにしても。ポッサムの〆には、さっぱりしたチェンバングクス（p.59）を食べるのが定番です。

【材料】2〜3人分

豚バラかたまり肉 … 500g
〈下味〉
　塩 … 少々
　こしょう … 少々
玉ねぎ … 1個
長ねぎ … 1本
にんにく … 5片
しょうがの粗みじん切り … 1かけ分
酒 … 大さじ3
ポッサム用白菜の塩漬け（p.98）… 適量
ポッサム用大根キムチ（p.98）… 適量
サムジャン（p.101）… 適量

【作り方】

1　豚肉は下味をふって室温に10分以上おく。

2　玉ねぎは2〜3cm厚さの輪切りにし、長ねぎは4〜5cm長さに切る。

3　厚手の鍋の底に玉ねぎを敷き、長ねぎを重ね、にんにくとしょうがをちらす。1の豚肉を脂身を下にしてのせ（a）、酒を回しかける。ふたをして強火にかけ、沸騰したらごく弱火にし、40分ほど蒸し焼きにする。途中、鍋が焦げつきそうなら水適量を加える。

4　肉に竹串を刺して、スーッと通るくらいのやわらかさになったら火を止め、ふたをしたまま粗熱をとり、肉だけ取り出す（b）。食べやすい厚さに切って（c）、器に盛り、白菜の塩漬け、大根キムチ、サムジャンを添える。

a

b

c

プルコギ

野菜とちぎった肉に味をしみ込ませてから
焼くのがおいしさのコツ。
そのまま食べても、サニーレタスなどで巻いても
おいしいプルコギですが、おすすめはご飯も
一緒に葉もの野菜で巻いて、サムジャンを
つける食べ方。止まらなくなるおいしさです。

【材料】2～3人分

牛しゃぶしゃぶ用肉（またはすき焼き用肉）… 500g
玉ねぎ … 1/2個
長ねぎ … 1/3本
にんじん … 小1/3本（40g）
えのきたけ … 50g

〈合わせ調味料〉
　しょうゆ … 大さじ2
　酒 … 大さじ2
　オリゴ糖（または水飴）… 大さじ2
　きび砂糖 … 小さじ2
　ナンプラー … 小さじ2
　おろしにんにく … 小さじ1と1/2
　こしょう … 小さじ1/3

米油 … 小さじ1
ごま油 … 大さじ1
白いりごま … 適量
好みの葉もの野菜
　（サンチュ、サニーレタス、えごまの葉など）… 適量
サムジャン（p.101）… 適量
温かいご飯 … 適量

【作り方】

1　玉ねぎは縦薄切りにする。長ねぎは縦半分に切り、4～5cm長さに切って細切りにする。にんじんは細切り、えのきたけはほぐす。

2　牛肉はペーパータオルで水けを拭き取り、手でちぎってボウルに入れる（a）。合わせ調味料と1を加えてよくあえ（b）、冷蔵室に30分以上おく。

3　フライパンに米油を入れて強めの中火にかけ、2を入れてほぐしながら、肉の色が変わり、野菜に火が通るまで炒める。仕上げにごま油を回しかけ、ごまをふって器に盛り、葉もの野菜、サムジャン、ご飯を添える。そのまま食べたり、葉もの野菜にご飯とプルコギをのせ、サムジャンをつけて包んで食べる。

タッカルビ

タッカルビは、鶏カルビの意味で、味つけした鶏肉を野菜と
炒め合わせた料理です。コチュジャン味が定番ですが、カレー粉を加えて
えごまの葉をトッピングするとよいアクセントになります。
好みでチーズを入れたり、残った汁で炒飯を作ると絶品です。

【材料】2〜3人分

鶏もも肉 … 500g
キャベツ … 1/6個（200g）
玉ねぎ … 1/2個
長ねぎ … 10cm
A ｜ きび砂糖 … 大さじ2
　｜ しょうゆ … 大さじ2
　｜ みりん … 大さじ2
　｜ コチュジャン … 大さじ2
　｜ ごま油 … 大さじ1
　｜ おろしにんにく … 小さじ1
　｜ カレー粉 … 小さじ1
　｜ こしょう … 適量
あればえごまの葉のせん切り … 10枚分

【作り方】

1　Aの材料をよく混ぜる。鶏肉は脂肪や筋などを除き、食べやすい大きさに切ってボウルに入れ、Aの半量を加えてよく混ぜ（a）、室温に30分以上おく。

2　キャベツは大きめの一口大に、玉ねぎは縦4等分に切る。長ねぎは斜め薄切りにする。

3　鍋に1の鶏肉を汁ごと入れ、2、残りのA、水50mlを加えて中火にかける。鶏肉に火が通るまで炒め煮にし、えごまの葉をのせる。

残った汁で作る炒飯
https://kdq.jp/hansik7

デペトゥルチギ

「デペ」は鉋の意味で、
鉋で削ったように薄い豚肉を炒めた汁けの多い料理です。
日本ではしゃぶしゃぶ用肉を使うと同様に作れます。
旨味のある汁ごとご飯にかけていただきます。

【材料】2人分

豚バラしゃぶしゃぶ用肉 … 300g
玉ねぎ … 1/3個
長ねぎ … 1/3本
えのきたけ … 50g
豆もやし … 100g
米油 … 小さじ1
こしょう … 適量
ごま油 … 適量
白いりごま … 適量

〈合わせ調味料〉
　きび砂糖 … 大さじ1
　しょうゆ … 大さじ1
　みりん … 大さじ1
　コチュジャン … 大さじ1
　味噌 … 小さじ1
　おろしにんにく … 小さじ1

【作り方】

1　玉ねぎは縦薄切りに、長ねぎは斜め薄切りにする。えのきたけは長さを半分に切ってほぐす。

2　フライパンに米油を入れて中火にかけ、豚肉を入れて炒める。肉の色が変わったら合わせ調味料を加えて2〜3分炒める。

3　水200mℓを加え、1、豆もやしを加え、とろみがつくまで炒め煮にする。全体に火が通ったら火を止め、こしょうをふり、ごま油を回しかけ、ごまをふる。

タッカンマリ

タッカンマリは鶏一羽の意味で、その名の通り丸鶏を煮込んだ鍋。
風邪予防にも効果があるとされます。
ここでは、作りやすい鶏もも肉と手羽先でアレンジしました。
煮汁もたっぷりできるから、〆はおかゆを作って食べても。

【材料】2〜3人分

鶏もも肉 … 1枚（300g）
鶏手羽先 … 4本（250g）
塩 … 少々
玉ねぎ … 小1個（100g）
長ねぎ … 1/2本
じゃがいも … 大1個（200g）
米油 … 大さじ1
にんにく … 6片
しょうがの薄切り … 3枚

A | 昆布（5cm四方）… 1枚
　| 酒 … 大さじ3
　| しょうゆ … 大さじ1
　| 自家製スープの素（p.13）… 大さじ1
　| 　（または塩大さじ1/2）
　| 塩 … 大さじ1/2
　| 　（または自家製スープの素大さじ1）

〈たれ〉
　しょうゆ … 大さじ3
　きび砂糖 … 大さじ2
　酢 … 大さじ2
　おろしにんにく … 小さじ1
　練りがらし … 適量
　粗挽き赤唐辛子（キムチ用）… 適量

【作り方】

1　玉ねぎは縦半分に切り、さらに縦5mm幅に切る。長ねぎは縦半分に切って4〜5cm長さに切る。じゃがいもは1cm厚さの輪切りにする。鶏もも肉は筋や脂肪を除いて一口大に切り、手羽先は皮目に切り目を1本入れ、ともに塩をふる。

2　鍋に米油を入れて中火にかけ、鶏肉を入れて両面に焼き色がつくまで焼く（**a**）。水1.3ℓを注ぎ、にんにく、しょうが、Aを加えて強火にかけ、沸騰したらアクを除く。鶏肉の色が変わったら、昆布を除き、玉ねぎ、長ねぎ、じゃがいもを加えて野菜に火が通るまで煮る。

3　たれの材料に鍋の汁大さじ3を加えて混ぜて添える。器に具をとり分け、たれをかけて食べる。

〆のおかゆの作り方
https://kdq.jp/hansik8

サムギョプサル

豚肉の脂をしっかり落としてカリッと焼くこと、
たっぷりの野菜のおかずを用意すること、これがおいしさの秘訣です。
野菜はどれもよく合うので、組み合わせを変えながら
肉を巻くと、いろいろな味を楽しめます。

【材料】2〜3人分

豚バラかたまり肉 … 600g
玉ねぎ … 横1/2個
エリンギ … 2本
にんにく … 5片
塩 … 適量
こしょう … 適量
青唐辛子の小口切り … 2本分
好みの葉もの野菜
　（サンチュ、サニーレタス、えごまの葉など）
　　… 適量
サムジャン (p.101) … 適量

〈野菜のおかず〉
　　大根のサンム (p.99) … 適量
　　大根のチャンアチ (p.99) … 適量
　　長ねぎのムチム (p.100) … 適量
　　にらのムチム (p.100) … 適量
　　ヤンパジョリム (p.101) … 適量
　　白菜のキムチ (p.26) … 適量

【作り方】

1　玉ねぎは5mm厚さの輪切りに、エリンギは縦5mm幅に切る。にんにくは薄切りにする。豚肉は縦長において縦1cm幅に切る（**a**）。

2　フライパンを中火にかけ、温まったら豚肉をのせる。塩、こしょう各少々をふり、片面がこんがりと焼けたら、キッチンばさみで食べやすい大きさに切ってトングで裏返し、反対側も塩、こしょう各少々をふる。両面をこんがりと焼き、器に盛る。

3　同じフライパンに玉ねぎ、エリンギ、にんにくを並べ、肉から出た脂で焼く。野菜に火が通ったら器に盛り、葉もの野菜、青唐辛子、大根のサンムなどの野菜のおかず、サムジャンを添える。葉もの野菜に豚肉や焼き野菜、大根のサンムなどの野菜のおかずや青唐辛子をのせ、サムジャンをつけて巻いて食べる。

チュクミ

日本でも人気のチュクミは、いいだこを使った料理のこと。
コチュジャンとオイスターソースの濃いめの味つけは
豆もやしと一緒に食べると、いいバランスになります。

【材料】2人分

いいだこ（内臓、目を除いた下処理済みのもの）
　… 400g
塩 … 大さじ1
酢 … 大さじ1
A｜粗挽き赤唐辛子（キムチ用）… 大さじ1
　｜きび砂糖 … 大さじ1
　｜しょうゆ … 大さじ1
　｜酒 … 大さじ1
　｜オイスターソース … 大さじ1
　｜コチュジャン … 大さじ1
　｜オリゴ糖（または水飴）… 大さじ1
　｜おろしにんにく … 大さじ1
豆もやし … 1袋（200g）
玉ねぎ … 1/2個
長ねぎ … 1/2本
ごま油 … 大さじ1
白いりごま … 適量

【作り方】

1. いいだこは水でよく洗う。鍋に水適量と塩、酢を入れて強火にかけ、沸騰したらいいだこを入れて30〜40秒ゆでる。ざるにあけて冷水で洗い、水けをきる。いいだこが大きければ、キッチンばさみで食べやすい大きさに切る（**a**）。

2. ボウルに**A**を入れてよく混ぜ合わせ、**1**を入れて混ぜ（**b**）、冷蔵室に10分以上おいてなじませる。

3. 鍋をきれいにし、湯を沸かす。豆もやしを入れ、3分ほどゆでて冷水にとり、2〜3回水を替えながら洗ってざるにあけ、軽く上から押して水けをきる。

4. 玉ねぎは縦5mm幅に切り、長ねぎは5mm幅の斜め切りにする。

5. 鍋かフライパンにごま油を入れて中火にかけ、**4**を入れてしんなりするまで炒める。**2**を汁ごと加えて3分ほど炒め合わせて火を止める。ごまをふり、**3**をのせる。

チュクミの汁で作る炒飯

旨味たっぷりのチュクミの汁は、
残さずにご飯に吸わせ、香ばしく炒めて。

【材料】2人分

チュクミ（上記）の汁 … 大さじ3
あればチュクミのいいだこ … 適量
ご飯 … 300g
ごま油 … 適量
にんじんのみじん切り … 大さじ1
玉ねぎのみじん切り … 大さじ2
小ねぎの小口切り … 大さじ2
あれば韓国のり（味つき）… 適量

【作り方】

1. フライパンにごま油大さじ1を入れて中火にかけ、にんじんと玉ねぎを入れて1〜2分炒める。

2. 玉ねぎが透き通ったら、ご飯、チュクミの汁、いいだこを加えて炒め合わせる。味見をして足りない場合は、チュクミの汁（またはしょうゆ小さじ1）で味をととのえる。火を止めて小ねぎを加え、のりを手でちぎって加え、ごま油少々を回しかけ、さっと混ぜる。

肉や魚介の主菜に合わせる 野菜のおかず

主菜をおいしくしてくれる、あえものやたれなどを紹介します。

ポッサム用大根キムチ

無水ポッサム（p.84）と一緒に白菜で巻いて。
コリコリ食感がいいアクセントに。

【材料】作りやすい分量

大根 … 大1/2本（600g）
塩 … 大さじ1
オリゴ糖（または水飴）… 大さじ1
A｜粗挽き赤唐辛子（キムチ用）… 大さじ1
　｜きび砂糖 … 大さじ1
　｜梅エキス … 大さじ1（またはきび砂糖小さじ2）
　｜ナンプラー … 大さじ1
　｜おろしにんにく … 小さじ1
白いりごま … 小さじ1

【作り方】

1 大根は厚めに皮をむき、6〜8mm厚さの輪切りにして棒状に切る。ボウルに入れ、塩、オリゴ糖を加えてよく混ぜ、室温に2時間以上おく。

2 水けをしっかり絞り、Aを加えてよく混ぜ、ごまをふってさっと混ぜる。

※保存容器に入れ、冷蔵で2週間保存可能。

ポッサム用白菜の塩漬け

白菜のしんなりした食感と塩味が
無水ポッサム（p.84）の味を引き立てます。

【材料】作りやすい分量

白菜 … 1/3株（670g）
〈漬け汁〉
　塩 … 大さじ2
　きび砂糖 … 大さじ2
　水 … 500㎖

【作り方】

1 白菜は芯のかたい部分を切り落とす。深さのあるバットに漬け汁の材料を入れ、よく混ぜて砂糖を溶かす。白菜を入れて漬け、室温で10時間ほどおく。

2 白菜を取り出して流水で洗い、ざるにあけて水けをきる。食べるときに1枚ずつはがす。

※保存容器に入れ、冷蔵で1週間保存可能。

大根のサンム

葉もの野菜と重ね、サムギョプサル（p.94）の肉を巻くほか、チュクミ（p.96）にも合います。

【材料】作りやすい分量

大根 … 1/2本（500g）
〈漬け汁〉
　酢 … 100㎖
　きび砂糖 … 60g
　塩 … 小さじ1
　水 … 200㎖

【作り方】

1　大根は皮を厚めにむき、スライサーか包丁で2㎜厚さの輪切りにする。保存容器に少しずつずらしながら1枚ずつ重ねる。

2　漬け汁の材料を泡立て器やスプーンでよく混ぜ、砂糖を溶かす。1の容器に注ぎ、冷蔵室に1日以上おく。

※冷蔵で2カ月間保存可能。

大根のチャンアチ

えごまの風味がポイント。
チュクミ（p.96）やサムギョプサル（p.94）に。

【材料】作りやすい分量

大根（葉側の青い部分を含む）… 5㎝
えごまの葉（または青じそ）… 20枚
〈漬け汁〉
　しょうゆ … 100㎖
　酢 … 100㎖
　きび砂糖 … 60g
　梅エキス … 大さじ2（またはきび砂糖15g）

【作り方】

1　大根は皮を厚めにむき、スライサーか包丁で1〜2㎜厚さの輪切りにし、20枚ほど作る。えごまは茎を切り落とす。大根とえごまを1枚ずつ交互に重ね、半分に切る（何回かに分けて行なう）。重ねた状態でずれないように、小さめの保存容器に断面を上にして詰める。

2　漬け汁の材料を泡立て器やスプーンでよく混ぜ、砂糖を溶かす。1の容器に注ぎ、冷蔵室に6時間以上おく。

※冷蔵で2カ月間保存可能。

※大根が完全に漬け汁にひたらなくても、漬ける間に大根から水分が出てしっかりひたるようになる。

長ねぎのムチム

サムギョプサル（p.94）にのせれば
さっぱりと食べられます。

【材料】作りやすい分量

長ねぎ … 1本
A | 酢 … 大さじ2
　 | しょうゆ … 大さじ1
　 | ごま油 … 大さじ1
　 | きび砂糖 … 大さじ1
　 | 粗挽き赤唐辛子（キムチ用）… 小さじ1
白いりごま … 大さじ1

【作り方】

1　長ねぎは8〜10cm長さに切り、縦に切り込みを入れて芯を除き、外側の数枚を縦長におき、手前からくるくると巻いて、小口切りの要領でせん切りにする。残りも同様にする。

2　ボウルに氷水を作り、1を10分ほどさらして辛みを除き、ざるにあけて水けをしっかりきる。食べる直前にAを混ぜてから加えてよくあえ、ごまをふって混ぜ、器に盛る。

※保存容器に入れ、冷蔵で2日間保存可能。

にらのムチム

サムギョプサル（p.94）と食べるときは、同じ
フライパンでさっと焼くとしんなりしておいしい。

【材料】作りやすい分量

にら … 1束（100g）
玉ねぎ … 1/4個
粗挽き赤唐辛子（キムチ用）… 小さじ1
A | 白いりごま … 大さじ1
　 | ごま油 … 大さじ1
　 | 塩 … 小さじ1/2

【作り方】

1　にらは5cm長さに切る。根元の太い部分は縦半分に切る。玉ねぎは縦薄切りにする。

2　ボウルに入れ、唐辛子をふり、よく混ぜる。Aを加えてさっとあえる。

※保存容器に入れ、冷蔵で2日間保存可能。

ヤンパジョリム

タッカンマリ（p.92）のような鍋にも
サムギョプサル（p.94）にも合う、さっぱりサラダ。

【材料】作りやすい分量

キャベツ … 小1/8個（120g）
紫キャベツ … 50g
玉ねぎ … 1/4個
長ねぎの青い部分 … 5cm
〈たれ〉
　しょうゆ … 大さじ2
　酢 … 大さじ2
　きび砂糖 … 大さじ1
　水 … 大さじ1

【作り方】

1　キャベツと紫キャベツはごく薄いせん切りに、玉ねぎは縦薄切りにする。長ねぎは縦に切り込みを入れて芯を除き、外側の数枚を縦長におき、手前からくるくると巻いて、小口切りの要領でせん切りにする。

2　ボウルに氷水を作り、1を5分ほどさらし、ざるにあけて水けをしっかりきる。器に盛り、たれの材料を混ぜて別の器に入れて添え、食べる直前にかける。

サムジャン

葉もの野菜で包んで食べる肉料理なら
何にでも合う、香味野菜入りの万能だれです。

【材料】作りやすい分量

長ねぎのみじん切り … 大さじ2（10cm分）
あれば青唐辛子のみじん切り … 1/2本分
味噌 … 大さじ1
ごま油 … 大さじ1
きび砂糖 … 大さじ1/2
コチュジャン … 小さじ1
白いりごま … 小さじ1

【作り方】

すべての材料をよく混ぜ合わせる。

※保存容器に入れ、冷蔵で1週間保存可能。

この本で使う主な調味料と韓国食材

レシピ中の調味料と韓国食材は、スーパーやネットショップなどで
手に入りやすいものを使っていますが、代用可能な調味料も参考にしてください。
さらに無添加のものを使用すれば、より安心安全に作れます。

ごま油
ナムルやご飯ものをはじめ、韓国料理の仕上げに欠かせないごま油は、香りとコクの強い茶色のタイプを。炒めたり、焼いたりするときの油は、クセのない米油を使っています。

塩
キムチ作りをはじめ、どの料理にも、ミネラルが豊富な「天日塩」を使うのが韓食レシピの基本。精製されていない粗塩や天然の塩でも同様に作れます。

魚醬
キムチやスンドゥブチゲなど、独特の風味とコクを出したいときに。手に入りやすいタイのナンプラーがおすすめですが、しょっつるやいしるなど、日本の魚醬でもOKです。

しょうゆ
ご飯ものから肉料理まで、韓国料理でも味つけに欠かせない調味料。コクがあり、甘みの出る無添加の濃口しょうゆを使用。

砂糖、オリゴ糖
コクと風味があり、ミネラル分も多いきび砂糖と、ビフィズス菌を増やして腸内環境を整えてくれるオリゴ糖を料理に合わせて使い分けます。オリゴ糖は水飴で代用できます。

梅エキス
梅を使ったシロップで、すっきりとした甘みがあるため、砂糖の代わりに使います。手に入らない場合は、砂糖で代用できます。

酢
キンパたくあんやチヂミのたれなど、酢を使った料理も多数。フルーティーでミネラルの多い、りんご酢を使っています。

コチュジャン
辛さと甘さがある味噌。コクがあり、炒めものやビビンパ、肉料理のたれなど、さまざまな料理に使います。

粉唐辛子
韓国料理になくてはならないのが粉唐辛子。辛みが強すぎない、粗挽きのキムチ用の唐辛子を選べば、どんな料理にも使えます。

青唐辛子、にんにく
生の青唐辛子は肉料理の薬味などにあると便利。にんにくを大量に使う韓国料理の食材店には、皮をむいた状態の商品もあり、重宝します。

えごまの葉
肉料理を包んで食べたり、漬けものにしたりと、韓国料理でよく食べる食材。手に入らない場合は、青じそで代用してもOKです。

なつめ〈左〉
クチナシ〈右〉
参鶏湯に欠かせないなつめは、鉄分が豊富な甘酸っぱい果実を乾燥させたもの。クチナシはキンパたくあんの色づけに使います。

韓国春雨
さつまいもが原料の韓国春雨。チャプチェには欠かせない食材で、太くてコシがあるのが特徴です。もちもちの食感がクセになります。

韓国のり（味つき）
日本の焼きのりに比べ、薄くてやわらかい韓国のり。サラダや炒飯にちぎってかけるなら、油が塗ってある味つきがおすすめです。キンパには味のついていないタイプを。

JANG NAMHEE
ジャンナムヒ

韓国・ソウル出身。4人兄弟の末っ子として育つ。ソウルでカフェを営んだのち、在日韓国人三世と結婚し、彼の実家のある北海道帯広市に移住する。焼肉店を営みながら、レシピ開発をはじめたところ、その味が評判に。オンライン料理教室や、Instagramでの韓国料理レシピの紹介、自身が開発した料理の通信販売など多方面で活躍中。プライベートでは3姉妹の母でもある。
Instagram:@namhee_kitchen

韓国人オンマが教えてくれた
体にいい韓食レシピ

2024年10月2日　初版発行

著者／JANG NAMHEE
発行者／山下 直久
発行／株式会社KADOKAWA
〒102-8177　東京都千代田区富士見2-13-3
電話 0570-002-301（ナビダイヤル）
印刷所／TOPPANクロレ株式会社
製本所／TOPPANクロレ株式会社

本書の無断複製（コピー、スキャン、デジタル化等）並びに
無断複製物の譲渡および配信は、著作権法上での例外を除き禁じられています。
また、本書を代行業者等の第三者に依頼して複製する行為は、
たとえ個人や家庭内での利用であっても一切認められておりません。

●お問い合わせ
https://www.kadokawa.co.jp/（「お問い合わせ」へお進みください）
※内容によっては、お答えできない場合があります。
※サポートは日本国内のみとさせていただきます。
※Japanese text only
定価はカバーに表示してあります。

©JANG NAMHEE 2024 Printed in Japan
ISBN 978-4-04-897790-6 C0077